COLLECTION
FOLIO DOCUMENTS

Philip Gourevitch

Nous avons le plaisir de vous informer que, demain, nous serons tués avec nos familles

Chroniques rwandaises

Traduit de l'américain
par Philippe Delamare

Denoël

Cet ouvrage a été précédemment publié
dans la collection Impacts aux Éditions Denoël.

Titre original :

WE WISH TO INFORM YOU THAT TOMORROW
WE WILL BE KILLED WITH OUR FAMILIES

À mes parents

Au printemps et au début de l'été de 1994 un massacre programmé décima — littéralement — la République du Rwanda. Bien qu'avec des moyens rudimentaires — essentiellement à la machette —, il s'effectua à une vitesse stupéfiante : sur une population initiale de quelque sept millions et demi d'habitants, au moins huit cent mille furent assassinés en à peine cent jours. Les Rwandais parlent souvent d'un million de morts, peut-être à juste titre. Réalisé à un rythme presque trois fois plus rapide que le génocide juif, ce fut en tout cas le carnage le plus efficace depuis le bombardement atomique de Hiroshima et de Nagasaki.

Gikongoro, bourgade du sud du pays, était privée d'électricité pour toute la nuit et, à la lueur d'une demi-douzaine de bougies, les yeux des trois soldats qui m'invitèrent à prendre un verre au bar du gîte d'étape avaient des reflets d'orange sanguine. Une chope de bière circula, que l'on me tendit en dernier, pour me signifier que l'on n'avait pas l'intention de m'empoisonner. Si les soldats étaient trop ivres pour faire la conversation, un civil en survêtement satiné noir qui les accompagnait s'efforça de me montrer qu'il était resté lucide. Assis très raide, les bras croisés sur la poitrine, il m'évalua d'un œil dur, distant, et me demanda en anglais comment je m'appelais, d'un ton sévère et mécanique, en détachant abruptement chaque syllabe. « Philip, lui répondis-je.

— Ah. Comme dans Charles Dickens, dit-il en me saisissant la main.

— Chez Dickens, c'est Pip.

— *Les Grandes Espérances* », énonça-t-il.

Il me lâcha la main, retroussa légèrement les lèvres et me considéra de son regard sans humour. « Je suis un Pygmée de la jungle. Mais j'ai appris l'anglais avec un évêque anglican. »

Il ne se nomma pas. Le soldat auprès de moi, qui s'appuyait sur le canon de son fusil-mitrailleur, bascula soudain vers l'avant, endormi, puis se réveilla aussitôt en sursaut, sourit et but une ou deux gorgées de plus. Le Pygmée ne lui prêta aucune attention. « J'ai un principe, annonça-t-il. Je crois au principe de l'*Homo sapiens*. Vous me suivez ?

— Vous voulez dire que toute l'humanité ne fait qu'un ? hasardai-je.

— C'est ma théorie. C'est mon principe. Mais j'ai un problème : il faut que j'épouse une Blanche.

— Pourquoi pas ? » Puis, au bout de quelques instants, j'ajoutai : « Mais pourquoi, si nous sommes tous pareils ? Qu'importe la couleur de votre femme ?

— Elle doit être blanche. Seule une Blanche peut comprendre mon principe universel de l'*Homo sapiens*. Il ne faut pas qu'elle soit noire. »

Le dégoût absolu avec lequel il prononça ce dernier mot me poussa à l'approuver, dans l'intérêt de la future épouse.

« C'est mon problème, poursuivit-il. Mais comment vais-je atteindre ce but ? Vous en avez la possibilité, pas moi. » Il parcourut du regard la pièce sombre, presque vide, et tendit une main ouverte. Une expression amère, de désenchantement habituel, se dessina sur son visage. « Comment vais-je rencontrer la Blanche ? demanda-t-il. Comment vais-je trouver l'épouse blanche ? »

La question n'était pas entièrement rhétorique.

J'étais entré dans le bar avec une Hollandaise, qui était ensuite partie se coucher. Mais elle avait manifestement fait impression. Je crois que le Pygmée voulait que je la lui présente. « J'ai une idée, dit-il. Les Pays-Bas. L'évêque, mon professeur, avait voyagé dans le monde entier. Pour moi les Pays-Bas sont purement imaginaires. Mais je sais qu'ils sont réels. »

Je vous raconte cela d'entrée de jeu, parce que ce livre traite de la manière dont les gens s'imaginent eux-mêmes et les uns les autres — c'est un livre sur la manière dont nous imaginons notre propre monde. Un an avant que je ne rencontre le Pygmée, le gouvernement rwandais avait adopté une politique nouvelle : tous les membres de la majorité hutue étaient sommés d'anéantir la minorité tutsie. Le gouvernement, ainsi qu'un nombre stupéfiant de ses administrés, s'imaginait qu'en exterminant le peuple tutsi il rendrait le monde meilleur. Et le massacre s'était ensuivi.

D'un seul coup, semblait-il, quelque chose que nous ne pouvions qu'imaginer nous était tombé dessus — et nous ne pouvions toujours que l'imaginer. C'est ce qui me fascine le plus dans l'existence : cette étrange nécessité d'imaginer ce qui est, en fait, bien réel. Pendant les mois du massacre de 1994, lorsque je suivais les nouvelles du Rwanda, et par la suite, lorsque j'ai lu que les Nations unies avaient décidé, pour la première fois de leur histoire, qu'il fallait employer le mot « génocide » pour décrire ce qui s'était passé, je n'ai cessé de me rappeler ce passage, vers la fin du *Cœur des ténèbres* de Conrad, où le narrateur, Marlow, de retour en Angleterre, commente ainsi les efforts de sa tante pour le remettre sur pied : « Ce dont j'avais besoin, ce n'était pas tant de recouvrer mes forces que d'apaiser mon imagination. »

L'état de Marlow à son retour d'Afrique m'a servi de point de départ. Je voulais savoir comment les Rwandais comprenaient ce qui s'était passé dans leur pays et comment ils en vivaient les suites. Le mot « génocide » et les images des morts innombrables et anonymes laissaient par trop le champ libre à l'imagination.

Je me suis rendu pour la première fois au Rwanda en mai 1995, et je n'y étais pas depuis bien longtemps lorsque j'ai rencontré le Pygmée à Gikongoro. Il mesurait près d'un mètre soixante-cinq et je n'aurais jamais deviné qu'il s'agissait d'un Pygmée. En se présentant comme tel, il semblait se mettre à l'écart de l'affaire des Hutu et des Tutsi, et voir en moi un étranger comme lui : un observateur parmi tant d'autres. Pourtant, bien qu'il n'ait pas dit un mot du génocide, j'eus l'impression que c'était le sujet véritable de notre dialogue. Peut-être était-il possible de parler d'autre chose au Rwanda, mais je n'y ai jamais eu une seule conversation véritable sans que le génocide apparaisse, au moins discrètement, comme le point de référence d'où dérivaient toutes les compréhensions et tous les malentendus.

Ainsi, lorsque le Pygmée me parla d'*Homo sapiens*, ce fut tout un implicite que j'entendis. Premiers habitants du Rwanda, vestiges aborigènes et forestiers que Hutu et Tutsi considéraient généralement avec un égal mépris, les Pygmées faisaient souvent office de bouffons sous la monarchie précoloniale. Et comme les souverains du Rwanda étaient tutsi, le souvenir de ce rôle ancestral valut parfois aux Pygmées d'être mis à mort en tant qu'instruments des anciens rois, lorsqu'ils n'étaient pas enrôlés comme violeurs par les milices hutues pour ajouter un zeste d'humiliation tribale supplémentaire à la profanation des femmes tutsies.

Nul doute que l'évêque anglican qui avait enseigné l'anglais à l'homme que j'avais rencontré au bar du gîte d'étape devait considérer l'éducation d'un sauvage aussi authentique comme un témoignage particulièrement probant du dogme missionnaire selon lequel nous sommes tous les enfants de Dieu. Mais peut-être le Pygmée avait-il trop bien appris sa leçon. Manifestement, selon son expérience, l'unité de l'humanité n'était pas un fait mais, comme il ne cessait de le répéter, une théorie, un principe — une proposition du prêtre blanc. Il s'était empressé d'accepter cette invitation, pour découvrir qu'elle présentait d'infranchissables limites. Au nom de l'universalisme, il avait appris à mépriser le peuple et la jungle d'où il venait, et à fonder sur le dédain de cet héritage l'estime qu'il se portait. Et ayant désormais décidé qu'une épouse blanche était le chaînon manquant nécessaire pour prouver sa théorie, l'improbabilité d'un tel mariage mettait sérieusement sa foi à l'épreuve.

Je tentai de soulager sa frustration en lui expliquant que même pour des Blancs vivant au milieu de femmes blanches, même aux Pays-Bas, il pouvait être très difficile de trouver une compagne bien disposée. « C'est de l'Africain que je parle, dit-il. L'Africain est malade. » Et pour la première fois il parvint à esquisser un petit sourire gauche.

« Il existe un roman, *Les Hauts de Hurlevent*, poursuivit-il. Vous me suivez ? C'est ma théorie plus générale. Peu importe que vous soyez blanc, jaune, vert ou noir africain. Le concept, c'est l'*Homo sapiens*. L'Européen est à un stade technologique avancé et l'Africain à un niveau technologique plus primitif. Mais toute l'humanité doit s'unir dans la lutte contre la nature. C'est le principe des *Hauts de Hurlevent*. C'est la mission de l'*Homo sapiens*. Vous êtes d'accord ?

— Je vous suis.

— La lutte de l'humanité pour conquérir la nature, dit le Pygmée avec satisfaction. C'est le seul espoir. C'est la seule voie possible pour la paix et la réconciliation — toute l'humanité unie contre la nature. »

Il s'enfonça dans son fauteuil, les bras croisés sur la poitrine, et resta silencieux. « Mais l'humanité fait partie de la nature, fis-je remarquer quelques instants après.

— Exactement, répondit le Pygmée. C'est exactement le problème. »

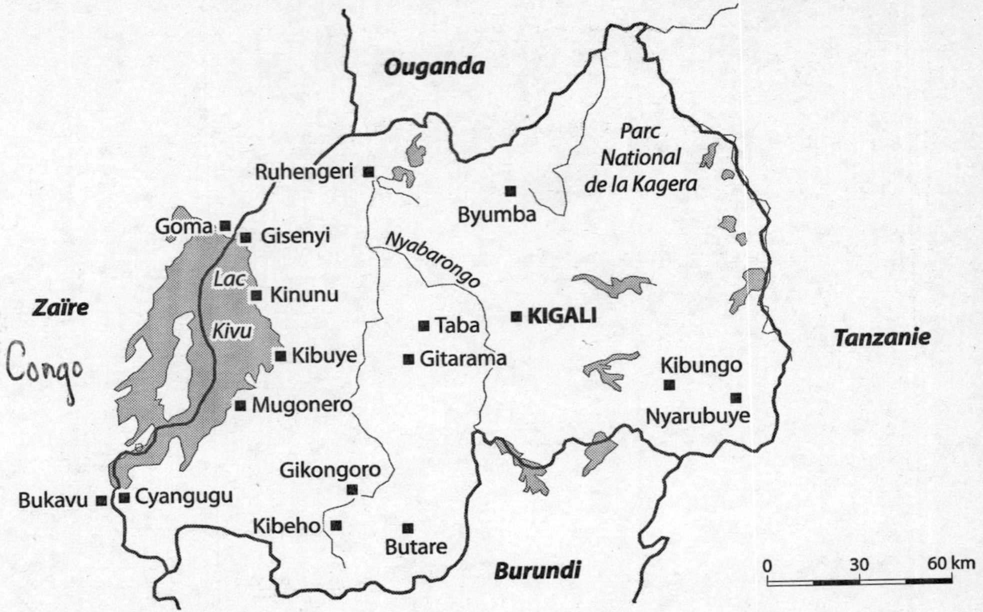
Ouganda
Parc
National
de la Kagera
Ruhengeri
Byumba
Goma
Gisenyi
Nyabarongo
Lac
Kivu
Kinunu
Zaïre
Congo
KIGALI
Taba
Tanzanie
Kibuye
Gitarama
Kibungo
Mugonero
Nyarubuye
Gikongoro
Bukavu
Cyangugu
Kibeho
Butare
Burundi
0
30
60 km

Le Rwanda

PREMIÈRE PARTIE

Léontios, fils d'Aglaïon, revenant un jour du Pirée, longeait la partie extérieure du mur septentrional lorsqu'il aperçut des cadavres étendus près du bourreau ; en même temps qu'un vif désir de les voir, il éprouva de la répugnance et se détourna ; pendant quelques instants il lutta contre lui-même et se couvrit le visage ; mais à la fin, maîtrisé par le désir, il ouvrit de grands yeux, et courant vers les cadavres : « Voilà pour vous, mauvais génies, dit-il, emplissez-vous de ce beau spectacle. »

PLATON,
*La République**

* Trad. Robert Baccau, Paris, Garnier, 1966.

1

Dans la province orientale de Kibungo, région de marais et de pâturages le long de la frontière tanzanienne, sur une colline rocheuse appelée Nyarubuye se dresse une église où de nombreux Tutsi furent massacrés à la mi-avril 1994. Un an après la tuerie, je m'y rendis avec deux officiers canadiens, à bord d'un hélicoptère des Nations unies qui volait bas au-dessus des collines noyées de brume matinale, aux pentes abondamment couvertes de bananiers, comme autant d'étoiles vertes. L'herbe haute se coucha lorsque nous nous posâmes au milieu de la cour de l'école paroissiale. Un soldat solitaire surgit avec son kalachnikov et nous serra la main avec une timidité compassée. Les Canadiens lui présentèrent les documents autorisant notre visite, et j'entrai dans une classe dont la porte était grande ouverte.

Une bonne cinquantaine de cadavres, décomposés pour la plupart, jonchaient le sol. Ils portaient des vêtements, et leurs affaires personnelles fracassées s'éparpillaient autour d'eux. Des crânes fendus à coups de machette avaient roulé çà et là.

Les morts ressemblaient à des images de morts. Ils ne sentaient pas. Ils n'étaient pas couverts de mouches vrombissantes. Ils avaient été tués treize mois auparavant et laissés sur place. De la peau collait parfois encore aux os, souvent détachés des corps, par les tueurs ou les charognards — oiseaux, chiens, insectes. Les cadavres plus ou moins complets ressemblaient beaucoup à des gens, ce qu'ils avaient été autrefois. Une femme enveloppée d'un châle à fleurs gisait près de la porte ; ses os iliaques décharnés saillaient, et entre ses jambes légèrement écartées un squelette d'enfant était étendu. Elle avait un trou dans le torse ; les côtes et la colonne vertébrale transperçaient l'étoffe pourrissante. Elle avait la tête rejetée en arrière et la bouche ouverte : étrange image — mi-agonie, mi-repos.

Je ne m'étais encore jamais trouvé au milieu des morts. Que faire ? Regarder ? Oui, je voulais les voir, j'imagine ; j'étais venu pour ça — les morts n'avaient pas été enterrés à Nyarubuye pour servir de témoignage — et ils étaient là, si intimement exposés. Je n'avais pas besoin de les voir. Je savais déjà, sans le moindre doute, ce qui s'était passé au Rwanda. Et pourtant, à regarder les bâtiments et les corps, et à entendre le silence de l'endroit, avec la grande basilique à l'italienne désertée et les parterres de fleurs exquises, décadentes, se nourrissant des cadavres sur lesquels elles s'épanouissaient, cela restait néanmoins étrangement inimaginable. Je veux dire qu'il fallait encore faire appel à son imagination.

Ces Rwandais morts ne me quitteront jamais, je crois. Voilà pourquoi je m'étais senti obligé de venir à Nyarubuye : pour ressentir le choc — non de ce qu'ils avaient enduré mais de les voir. C'était là qu'ils avaient été tués et qu'ils gisaient morts. Que pouvait-on donc voir d'autre de prime abord ? La Bible boursouflée par la pluie jetée sur un cadavre ou, éparpillées, les petites couronnes de paille tressée sur lesquelles les Rwandaises assujettissent les énormes charges qu'elles portent sur la tête, et les gourdes d'eau, et la chaussure de tennis Converse bizarrement fichée dans un pelvis.

Le soldat au kalachnikov — le sergent Francis de l'Armée patriotique rwandaise, Tutsi dont les parents s'étaient réfugiés avec lui en Ouganda quand il était enfant, après des massacres similaires mais moins considérables au début des années soixante, et qui était revenu dans son pays natal les armes à la main pour le trouver dans cet état-là — dit que les morts de la pièce étaient surtout des femmes qui avaient été violées avant d'être assassinées. Le sergent Francis avait des hanches hautes, ondulantes et féminines ; il se tenait et marchait les fesses en arrière, dans une attitude curieusement délibérée. Il avait l'air à la fois candide et ostensiblement officiel. Son anglais avait le rythme précis et saccadé de l'exercice militaire. Et après qu'il m'eut donné ces précisions, je ne pus m'empêcher de regarder mes pieds, pour apercevoir la lame rouillée d'une hachette qui gisait à côté dans la poussière.

Quelques semaines auparavant, à Bukavu, au Zaïre, sur le marché géant d'un camp de réfugiés où vivaient de nombreux miliciens hutu rwandais, j'avais vu un homme dépecer une vache à la machette. Avec toute l'habileté d'un spécialiste, il fendait la bête à grands coups précis qui claquaient sec. « Faites votre travail ! » — tel était le cri de ralliement des tueurs pendant le génocide. Et je voyais que cette boucherie était bien un travail, un dur travail. Il fallait s'y prendre à plusieurs fois — deux, trois, quatre, cinq coups violents — pour débiter la patte de la vache. Combien de coups pour démembrer quelqu'un ?

À voir l'énormité de la tâche, il est tentant d'invoquer la folie collective, le délire de la foule, une fièvre de haine dégénérant massivement en exaltation meurtrière, et d'imaginer l'orgie aveugle de la populace, chacun massacrant une ou deux personnes. Mais à Nyarubuye, comme dans des milliers d'autres endroits de ce minuscule pays, chaque jour de ces deux ou trois mois de 1994, des centaines de milliers de Hutu s'étaient relayés, à intervalles réguliers, pour accomplir leur travail de tueurs. Il y avait toujours une victime suivante, puis une autre encore. Passée la frénésie de la première attaque, qu'est-ce donc qui leur permettait de surmonter l'épuisement physique et d'accepter tout cet effroyable gâchis ?

L'humanité fait partie de la nature, disait le Pygmée de Gikongoro, et nous devons lutter contre la nature pour nous en sortir et avoir la paix. Mais la violence généralisée, elle aussi, doit être organisée ; elle ne se déroule pas au petit bonheur. Même les foules et les émeutes nécessitent un but ; et une destruction vaste et prolongée exige une grande ambition, conçue comme moyen d'atteindre à un nouvel ordre. Et quelque criminelle et objectivement stupide qu'elle soit, l'idée sous-tendant cet ordre nouveau doit être aussi irrésistiblement simple et en même temps absolue. L'idéologie du génocide réunit tous ces aspects, et au Rwanda elle s'incarnait dans le « Pouvoir hutu ». Pour qui entreprend d'exterminer systématiquement un peuple entier — fût-ce une minorité relativement peu nombreuse, et n'opposant aucune résistance, d'un million deux cent cinquante mille hommes, femmes et enfants, comme les Tutsi du Rwanda —, la soif de sang facilite assurément la tâche. Mais les instigateurs et les exécuteurs d'un massacre comme celui qui avait eu lieu derrière la porte où je me tenais n'ont pas besoin d'aimer tuer et peuvent même trouver cela déplaisant. Il suffit simplement qu'ils veuillent la mort de leurs victimes, au point d'y voir une nécessité absolue.

J'avais donc encore beaucoup à imaginer lorsque j'entrai dans la salle de classe et que je m'avançai avec précaution entre les cadavres. Ces morts et leurs assassins avaient été voisins, condisciples, collègues, parfois amis, voire parents par alliance. Les morts avaient vu leurs meurtriers faire l'exercice dans leurs milices pendant les semaines précédentes, et tout le monde savait qu'ils s'entraînaient à tuer les Tutsi ; c'était annoncé à la radio, il en était question dans les journaux, les gens en parlaient ouvertement. La semaine avant le massacre de Nyarubuye, la tuerie avait commencé à Kigali, la capitale du Rwanda. Publiquement dénoncés comme « complices » des Tutsi, les Hutu qui s'opposaient à l'idéologie du Pouvoir hutu avaient été parmi les premières victimes de l'extermination. À Nyarubuye, lorsque les Tutsi demandèrent au maire du Pouvoir hutu comment ils pouvaient y échapper, il leur conseilla de se réfugier dans l'église. C'est ce qu'ils firent, et quelques jours après, à la tête d'une bande de soldats, de policiers, de miliciens et de villageois, le maire vint les massacrer ; il distribua les armes et les ordres pour que le travail fût bien fait. On ne lui en demandait pas davantage, mais on raconte qu'il en profita pour tuer de sa main quelques Tutsi.

Les tueurs massacrèrent toute la journée à Nyarubuye. Le soir, ils coupèrent les tendons d'Achille des survivants et partirent festoyer derrière l'église. Ils rôtirent sur de grands feux le bétail volé à leurs victimes et se gorgèrent de bière. (Bière en bouteille, bière de banane — il se peut que les Rwandais ne boivent pas plus de bière que les autres Africains, mais à la fin de la journée ils en ont ingurgité de prodigieuses quantités.) Et le matin, encore ivres — les cris de leurs proies ne les avaient guère laissés dormir —, les tueurs de Nyarubuye reprirent leur boucherie. Jour après jour, minute par minute, Tutsi par Tutsi : ainsi besognèrent-ils d'un bout à l'autre du Rwanda. « Ce fut un enchaînement », commenta le sergent Francis. Je vois bien que ça a eu lieu ; on m'a longuement expliqué comment ; et après avoir passé près de trois ans à parcourir le Rwanda et à écouter des Rwandais, je peux vous raconter ce qui s'est passé et je vais le faire. Mais comment circonscrire l'horreur de tout cela — la stupidité, le gâchis, le crime pur et simple ?

Comme Léontios, le jeune Athénien de Platon, je suppose que vous lisez ces pages parce que vous désirez en savoir davantage, et que, vous aussi, vous êtes justement troublé par votre curiosité. Peut-être, en examinant cette situation extrême avec moi, espérez-vous un peu mieux vous connaître vous-même — une morale, une leçon, une indication sur la manière de se conduire dans ce monde : quelque chose de ce genre. Pourquoi pas ? Mais en matière de génocide, nul doute que vous sachiez où se situent le bien et le mal. Quant à moi, la meilleure raison que j'ai trouvée pour étudier de près ces histoires rwandaises, c'est que les ignorer me rend l'existence et la place que j'y occupe encore plus inconfortables. L'horreur, en tant que telle, ne m'intéresse que dans la mesure où un souvenir précis du crime est nécessaire pour en comprendre les suites.

Les morts de Nyarubuye étaient beaux, je le crains. Inéluctablement. Le squelette est une belle chose. L'agencement au hasard des formes tombées, l'étrange tranquillité de leur cruelle exposition, le bras plié en un geste mystérieux — ces choses étaient belles et leur beauté ne faisait que renforcer l'infamie de l'endroit. Il m'était impossible d'arrêter une attitude pertinente : révulsion, frayeur, chagrin, honte, incompréhension — j'éprouvais tout cela bien sûr, mais rien qui fût réellement adéquat. Je me contentai de regarder ; et je pris des photos, parce que je n'étais pas sûr de pouvoir réellement voir ce que je voyais à ce moment-là — et il me fallait aussi une excuse pour examiner d'un peu plus près.

Après avoir parcouru la première pièce, nous continuâmes jusqu'au bout du bâtiment. Il y avait une autre pièce, puis une autre et une autre et une autre encore. Elles étaient toutes pleines de corps, et il y avait aussi des corps éparpillés dans l'herbe, qui était épaisse et merveilleusement verte, ainsi que des crânes dispersés çà et là. À l'extérieur, j'entendis un craquement. Le vieux colonel canadien trébucha devant moi, et je vis, alors que lui ne s'en rendit pas compte, que son pied avait roulé sur un crâne et l'avait écrasé. Pour la première fois depuis mon arrivée à Nyarubuye, mes émotions se précisèrent : et ce que j'éprouvai, ce fut une colère aussi vive que fugitive envers cet homme. Puis j'entendis un autre craquement, tandis que je sentais une vibration sous mon pied. Je venais à mon tour de marcher sur un crâne.

Le Rwanda est un pays spectaculaire. Dans tout le centre, des terrasses sinueuses et étroites rayonnent abruptement autour de chaque hameau et de chaque ferme solitaire. L'argile rouge et le terreau noir béent comme autant de balafres là où la houe vient de passer ; les eucalyptus étalent leur argent sur le fond vert étincelant des plantations de thé ; partout surgissent des bananiers. Sur le thème de la colline, le Rwanda propose d'innombrables variations : forêts tropicales effilochées, croupes arrondies, landes ondulantes, amples renflements de savane, pics volcaniques aussi acérés que des dents limées. Pendant la saison des pluies courent d'énormes nuages bas, la brume s'attarde dans les combes, des éclairs rayent la nuit, et le jour tout le pays chatoie. Après les pluies, le ciel se dégage, l'éclat écrasant et immuable de la saison sèche parchemine la terre, et dans les savanes du parc de l'Akagera les feux de brousse noircissent les coteaux.

Un jour que je revenais du Sud à Kigali, comme la voiture gravissait un mamelon entre deux vallées tortueuses, le pare-brise fut envahi de gros nuages pourpres et je demandai à Joseph, qui me transportait, si les Rwandais se rendaient compte à quel point leur pays était beau. « Beau ? dit-il. Vous trouvez ? Après ce qui s'est passé ? Les gens ne sont pas bons. S'ils l'étaient, le pays serait O.K. » Son frère et sa sœur avaient été tués, précisa-t-il avec un tss-tss de la langue, avant de conclure : « Le pays est vide. Vide ! »

Il n'y avait pas que les morts qui avaient disparu. Le génocide avait été enrayé par le Front patriotique rwandais, armée rebelle composée de réfugiés tutsi rescapés de persécutions précédentes, et lorsque le FPR déferla sur le pays pendant l'été de 1994, quelque deux millions de Hutu s'enfuirent en exil à l'appel des mêmes dirigeants qui les avaient poussés au massacre. Néanmoins, en dehors de quelques régions rurales du Sud, où la désertion des Hutu laissait la brousse reconquérir les champs autour de maisons d'adobe déliquescentes, le nouvel arrivant que j'étais ne voyait pas le vide qui occultait à Joseph la beauté de son pays. Bâtiments détruits à la grenade, maisons brûlées, façades criblées de balles et routes défoncées par les obus de mortier ne manquaient certes pas. Mais c'étaient les ravages de la guerre, pas du génocide, et à l'été de 1995 la plupart des morts avaient été enterrés. Quinze mois auparavant, le Rwanda était le pays le plus densément peuplé de toute l'Afrique. Maintenant le travail des massacreurs apparaissait invisible — exactement comme ils l'avaient projeté.

De temps à autre on découvrait des charniers et l'on exhumait les corps pour les transférer dans de nouvelles fosses communes, dûment consacrées celles-ci. Et pourtant les ossements exposés çà et là, le nombre impressionnant d'amputés et de gens aux cicatrices mutilantes, et la surabondance d'orphelinats bondés ne suffisaient pas à prouver que ce qui s'est passé au Rwanda était une tentative pour éliminer tout un peuple. Les récits des rescapés étaient autrement accablants.

« Chaque survivant se demande pourquoi il est encore en vie », me dit ainsi l'abbé Modeste, prêtre de la cathédrale de Butare, deuxième ville du Rwanda. L'abbé Modeste s'était terré des semaines dans sa sacristie, en se nourrissant d'hosties, avant de se cacher sous la table de son bureau puis sous les combles de voisines religieuses. Selon toute apparence, il avait été sauvé par l'intervention du FPR. Mais le FPR n'était entré à Butare qu'au début de juillet alors que soixante-quinze pour cent des Tutsi rwandais avaient déjà péri au début de mai. À cet égard, du moins, le génocide avait été un succès complet : pour les victimes désignées, ce n'était pas la mort mais la vie qui semblait un accident du destin.

« Chez moi, dix-huit personnes ont été tuées », dit Étienne Niyonzima, homme d'affaires devenu député à l'Assemblée nationale. « Tout a été entièrement détruit — un ensemble de cinquante-cinq mètres sur cinquante. Dans mon quartier ils ont massacré six cent quarante-sept personnes. Il faut voir comment. Ils les ont torturées aussi. Ils avaient le numéro de chaque maison et ils ont marqué à la peinture rouge le domicile de tous les Tutsi et des modérés hutu. Ma femme était chez un ami, et elle a reçu deux balles. Elle est toujours vivante, seulement » — il fit une pause — « elle n'a plus de bras. Ceux qui étaient avec elle ont tous péri. La milice l'a laissée pour morte. À Gitarama, sa famille de soixante-cinq personnes a été entièrement exterminée. » Niyonzima se cachait ailleurs à ce moment-là. Ce n'est que trois mois plus tard qu'il apprit que sa femme et quatre de leurs enfants avaient survécu. « Un de mes fils a eu la tête fendue d'un coup de machette. Je ne sais pas où il est passé » — sa voix se brisa, — « il a disparu. Mais les autres sont toujours vivants, reprit-il avec un claquement de la langue. Très franchement, je ne comprends absolument pas comment j'ai été sauvé. »

Laurent Nkongoli attribuait sa survie à « la Providence. Et aussi à de bons voisins, expliqua-t-il. Une vieille femme qui m'a dit : “Sauve-toi, nous ne voulons pas voir ton cadavre.” » Avocat devenu vice-président de l'Assemblée nationale après le génocide, Nkongoli était un homme robuste, qui affectionnait les costumes trois-pièces et les cravates voyantes, et parlait en marchant d'un pas vif. Mais avant de suivre le conseil de sa voisine et de fuir Kigali à la fin d'avril 1994, dit-il, « j'avais accepté la mort. Il y a un moment où ça finit par arriver. On espère éviter une fin cruelle, mais on s'attend à mourir. Pas à la machette, mais d'une balle. Si l'on était prêt à payer, obéissance absolue

on pouvait souvent demander une balle. La mort était plus ou moins normale. On se résignait. On perdait la volonté de se battre. Quatre mille Tutsi ont été tués ici à Kacyiru [un quartier de Kigali]. Les soldats les y ont amenés et leur ont dit de s'asseoir parce qu'ils allaient lancer des grenades. Et ils se sont assis.

« La culture rwandaise repose sur la peur, poursuivit Nkongoli. Je me souviens de ce que les gens disaient. » Il prit une voix geignarde et son visage arbora une expression dégoûtée : « "Laissez-nous juste prier, puis tuez-nous", ou encore : "Je ne veux pas mourir dans la rue, je veux mourir chez moi." Quand vous êtes résigné et accablé à ce point, reprit-il de sa voix normale, vous êtes déjà mort. Cela montre que le génocide était préparé depuis très longtemps. Je hais cette peur. Les victimes du génocide avaient été conditionnées psychologiquement à attendre la mort simplement parce qu'elles étaient tutsies. On les tuait depuis si longtemps qu'elles étaient déjà mortes. »

Je rappelai à Nkongoli que, malgré toute sa haine de la peur, il avait lui-même accepté de mourir avant que sa voisine ne le pressât de s'enfuir. « Oui, répondit-il. La lassitude avait fini par me gagner pendant le génocide. On lutte pendant si longtemps, puis on se fatigue. »

Tous les Rwandais à qui j'ai parlé semblaient hantés par une question à laquelle il leur était impossible de répondre. Pour Nkongoli, c'était comment tant de Tutsi s'étaient laissé tuer. Pour François-Xavier Nkurunziza, avocat de Kigali, dont le père était hutu et la mère et la femme tutsies, c'était comment tant de Hutu s'étaient laissés aller à tuer. Parcourant le pays d'une cachette à l'autre, Nkurunziza n'avait échappé à la mort que par chance, et avait perdu de nombreux parents. « Le conformisme est très profond, très développé ici, me dit-il. Historiquement, au Rwanda tout le monde se soumet à l'autorité. Les gens révèrent le pouvoir et l'éducation est insuffisante. Si vous prenez une population pauvre et ignorante, que vous lui donniez des armes et que vous lui disiez : "Allez-y, massacrez", elle obéira. Les paysans qui étaient payés pour tuer ou forcés de le faire calquaient leur conduite sur celle des gens qui avaient une situation socio-économique supérieure. Les personnages influents ou les gros financiers sont donc les grands responsables du génocide. Ils s'imaginent peut-être qu'ils n'ont pas tué parce qu'ils n'ont pas directement de sang sur les mains, mais c'est auprès d'eux que les gens prenaient leurs ordres. Et au Rwanda un ordre peut se donner de manière très discrète. »

Plus je parcourais le pays pour réunir des témoignages sur les massacres, plus j'avais l'impression qu'avec la machette, la massue — gourdin hérissé de clous —, quelques grenades bien placées et quelques rafales d'armes automatiques, les ordres discrets du Pouvoir hutu avaient rendu la bombe à neutrons obsolète.

« Tout le monde était convoqué pour traquer l'ennemi », me raconta Théodore Nyilinkwaya, qui avait survécu aux massacres de son village natal de Kimbogo, dans la province de Cyangugu dans le Sud-Ouest. « Mais supposons que quelqu'un soit réticent.

Ce type vient avec un bâton. On lui dit : “Mais non, procure-toi une massue.” Il s’exécute, et il part chasser avec les autres, mais il ne tue pas. Alors les autres se disent : “Attention, il risque de nous dénoncer plus tard. Il faut qu’il tue. Tout le monde doit participer au meurtre d’au moins une personne.” Ainsi ce gars qui n’est pas un tueur est-il obligé de tuer. Et le lendemain c’est devenu un jeu pour lui. Il n’y a plus besoin de le pousser. »

À Nyarubuye, jusqu’aux petites statues votives en terre cuite de la sacristie qui avaient été méthodiquement décapitées. « Elles étaient associées aux Tutsi », expliqua le sergent Francis.

obligation de tuer.

2

Diamétralement à l'opposé de Nyarubuye, dans la province de Kibuye, tout près du lac Kivu et de la frontière occidentale du Rwanda, le village de Mugonero est perché lui aussi sur une colline au pied d'une grande église. Si le Rwanda est très majoritairement catholique, ce sont les protestants qui ont évangélisé une grande partie de la région, et Mugonero est le siège de la mission adventiste du Septième Jour. L'endroit évoque davantage le campus d'un petit collège américain qu'un village africain : d'impeccables sentiers bordés d'arbres relient la grande église à une petite chapelle, à l'école d'infirmières, à l'infirmerie et à un centre hospitalier qui jouissait d'une excellente réputation. C'est dans cet hôpital que Samuel Ndagijimana se réfugia pendant les massacres, et bien qu'il eût commencé par me dire : « J'oublie peu à peu », il n'avait manifestement pas oublié autant qu'il l'eût souhaité.

Samuel travaillait comme aide infirmier à l'hôpital depuis 1991 ; il avait alors vingt-cinq ans. Je lui demandai de me parler de sa vie « avant », comme disent les Rwandais. « Nous étions de simples chrétiens », se contenta-t-il de me répondre, comme s'il parlait d'une vague connaissance. À croire qu'il n'avait gardé aucun souvenir antérieur à ces premiers jours d'avril 1994 où il avait vu les miliciens hutu faire l'exercice en public devant la mairie de Mugonero. « Les jeunes sortaient toutes les nuits, et les gens en parlaient à la radio. Seuls y participaient les membres des partis du Pouvoir hutu, et les autres étaient appelés "les ennemis". »

Le 6 avril, quelques jours après le début de toute cette agitation, Juvénal Habyarimana, le dictateur hutu dirigeant le Rwanda depuis plus de vingt ans, était assassiné à Kigali, et un groupe d'officiers du haut commandement militaire, membres du Pouvoir hutu, s'emparait du gouvernement. « La radio a annoncé que personne ne devait bouger, dit Samuel. Le soir même des groupes se sont rassemblés, et, quand nous sommes allés travailler le lendemain matin, nous avons vu ces groupes organiser la population avec les dirigeants locaux du Pouvoir hutu. On ne savait pas exactement ce qui se passait, mais quelque chose était en train de se tramer. »

Au travail, Samuel remarqua « un changement de climat : personne ne parlait plus à personne », et nombre de ses collègues passaient tout leur temps en réunions avec un certain docteur Gérard, qui ne faisait aucun mystère de son soutien au Pouvoir hutu. Samuel trouva cela choquant parce que le docteur Gérard avait été formé aux États-Unis et était le fils du doyen de l'Église adventiste du Kibuye. C'était donc une autorité, un chef de la communauté, une personnalité qui devait donner l'exemple.

Quelques jours après, Samuel vit des maisons brûler dans des villages sur les bords du lac Kivu, au sud de Mugonero. Il décida de rester à l'hôpital jusqu'à la fin des troubles. Les familles tutsies de Mugonero et des environs commencèrent bientôt à affluer. C'était une tradition au Rwanda. « Chaque fois qu'il y avait des problèmes, les gens venaient se réfugier à l'église. Les pasteurs étaient chrétiens et on était persuadé que sous leur protection rien ne se passerait. » De nombreux habitants de Mugonero me confirmèrent d'ailleurs que le père du docteur Gérard, le chef de l'Église, le pasteur Elizaphan Ntakirutimana, engageait personnellement les Tutsi à se rassembler dans l'enceinte de la mission adventiste.

Des blessés tutsi arrivaient de la région du lac, à travers la brousse pour éviter les innombrables barrages de la milice qui contrôlaient les routes. Et ils racontaient de terribles histoires. Certains disaient qu'à quelques kilomètres au nord, à Gishyita, le maire était si impatient de tuer les Tutsi que des milliers avaient été massacrés tandis qu'il les conduisait vers l'église, où les survivants furent abattus. D'autres rapportaient qu'à quelques kilomètres au sud, à Rwamatamu, plus de dix mille Tutsi avaient trouvé refuge dans la mairie, et que le maire avait fait venir des camions de policiers, de soldats et de miliciens, armés de fusils et de grenades pour investir l'endroit. Derrière eux, il avait disposé un cordon de villageois munis de machettes pour empêcher les assiégés de s'enfuir avant que la fusillade ne commence. Et, de fait, il y avait eu très peu de rescapés à

Rwamatamu. Un pasteur adventiste et son fils avaient, dit-on, étroitement collaboré avec le maire à l'organisation de ce massacre. Sans doute Samuel n'avait-il pas appris ce détail des blessés qui affluaient « avec un bras ou une jambe en moins, après avoir essuyé des rafales et des lancers de grenades » : il s'imaginait encore que Mugonero pourrait être épargné.

Le 12 avril, alors qu'environ deux mille réfugiés encombraient l'hôpital, l'eau fut coupée. Personne ne pouvait plus partir : miliciens et membres de la Garde présidentielle bouclaient désormais les bâtiments. Mais lorsque le docteur Gérard apprit que quelques douzaines de Hutu figuraient parmi les assiégés, il s'arrangea pour les faire évacuer. Il ferma également la pharmacie et refusa de soigner les blessés et les malades, « parce qu'ils étaient tutsi », dit Samuel. Depuis leur asile, les Tutsi voyaient le docteur Gérard et son père, le pasteur Ntakirutimana, s'affairer avec les miliciens et les membres de la Garde présidentielle. Et ils se demandaient si ces hommes avaient oublié leur Dieu.

Parmi les Tutsi réfugiés dans l'église et l'hôpital de Mugonero figuraient sept pasteurs adventistes qui ne tardèrent pas, selon l'habitude établie, à prendre la tête du troupeau. Quand deux policiers se présentèrent à l'hôpital, en déclarant qu'ils étaient chargés de protéger les réfugiés, les pasteurs tutsi firent une collecte et réunirent près de quatre cents dollars qu'ils leur remirent. Pendant quelques jours, tout resta calme. Puis, le soir du 15 avril, les policiers annoncèrent qu'ils devaient s'en aller parce que l'hôpital serait attaqué le lendemain matin. Ils partirent en voiture avec le docteur Gérard, et les sept pasteurs invitèrent les réfugiés à se préparer à la mort. Puis ils écrivirent une lettre commune au maire et à leur supérieur, le pasteur Elizaphan Ntakirutimana, pour leur demander d'intercéder en leur faveur.

« Et la réponse arriva. Ce fut le docteur Gérard qui la transmit : "Samedi 16, à exactement neuf heures du matin, vous serez attaqués." » Mais ce fut la proclamation personnelle du pasteur Ntakirutimana qui anéantit définitivement les espoirs de Samuel, et ce dernier la répéta deux fois, lentement : « Votre problème a déjà trouvé une solution. Vous devez mourir. » L'un des collègues de Samuel, Manase Bimenyimana, m'en donna une version légèrement différente — selon lui, le pasteur Ntakirutimana avait déclaré : « Vous devez être éliminés. Dieu ne veut plus de vous. »

En sa qualité d'aide infirmier, Manase servait de domestique chez l'un des médecins de l'hôpital, et il était resté dans la maison de son patron après avoir envoyé sa femme et ses enfants — pour leur sécurité — dans l'enceinte de l'hôpital, parmi les réfugiés. Vers neuf heures du matin, le samedi 16 avril, il nourrissait les chiens du médecin lorsqu'il vit le docteur Gérard se diriger vers l'hôpital à bord d'un véhicule rempli d'hommes armés. Puis il entendit des coups de feu et l'explosion de grenades. « Quand les chiens ont entendu les gens crier, me dit-il, ils se sont mis à hurler, eux aussi. »

Manase parvint à pénétrer dans l'hôpital — c'était absurde, mais il se sentait menacé et voulait retrouver

- Dieu l'ordonne
- Tutsis donc maudit par Dieu !

les siens. Quand il arriva, les pasteurs tutsi engageaient les assiégés à se préparer à la mort. « J'ai été très déçu, dit Manase. Je m'attendais à mourir, et nous nous sommes mis à chercher de quoi nous défendre — des pierres, des briques, des bâtons. Mais c'était inutile. Les gens étaient affaiblis. Ils n'avaient rien à manger. La fusillade a commencé, et les gens tombaient et mouraient. »

Les assaillants étaient nombreux, se souvenait Manase, et ils arrivaient de partout — « de l'église, de derrière, du nord et du sud. Nous entendions des coups de feu et des cris, et ils scandaient le slogan : "Éliminez les Tutsi." Ils se sont mis à tirer sur nous et nous leur avons lancé des pierres parce que nous n'avions rien d'autre, pas même une machette. Nous étions affamés, épuisés ; nous étions privés d'eau depuis plus d'une journée. Il y avait des gens aux bras tranchés, il y avait des morts. Le massacre a commencé dans la chapelle et dans l'école, puis dans l'hôpital. J'ai vu le docteur Gérard, et j'ai vu la voiture de son père passer devant l'hôpital et s'arrêter devant son bureau. Vers midi, avec quelques membres de ma famille, je suis descendu dans une cave. Les autres avaient déjà été tués. Les assaillants se sont mis à briser les portes, à tuer, tirer et lancer des grenades. Les deux policiers qui devaient nous protéger faisaient maintenant partie des agresseurs. Les villageois participaient aussi à la boucherie. Ceux qui n'avaient pas de fusils avaient des machettes ou des massues. Le soir, vers huit ou neuf heures, ils ont décidé de lancer des grenades lacrymogènes. Les survivants se sont mis à crier.

Comme ça, les attaquants savaient où se trouvaient les gens et ils pouvaient les tuer directement ».

Si dans l'ensemble du Rwanda les Tutsi représentaient un peu moins de quinze pour cent de la population, dans la province du Kibuye Tutsi et Hutu étaient à peu près à égalité. Sur les quelque deux cent cinquante mille Tutsi habitant le Kibuye le 6 avril 1994, plus de deux cent mille avaient péri un mois après. Dans de nombreux villages de la région, pas un seul n'avait survécu.

Manase s'étonnait, me dit-il, qu'il n'y ait eu « qu'un million de morts » au Rwanda. « Voyez combien ont été tués rien qu'ici et combien ont été mangés par les oiseaux. » Nul doute que les victimes du génocide aient été une manne pour les oiseaux du Rwanda, mais ceux-ci avaient aussi rendu service aux survivants. De même que les oiseaux de proie et les charognards précèdent dans les airs la muraille en marche d'un feu de brousse pour se repaître des animaux fuyant l'incendie, de même au Rwanda, pendant les mois de l'extermination, les buses, milans et autres corbeaux qui planaient au-dessus des charniers formaient une carte aérienne macabre du pays et délimitaient les zones à fuir pour les gens qui, comme Samuel et Manase, s'étaient réfugiés dans la brousse pour survivre.

Le 16 avril, peu avant minuit, les tueurs de Mugonero, ne trouvant plus personne à massacrer dans la mission adventiste, partirent piller les maisons des morts. Samuel, dans sa cave, et Manase, auprès de sa femme et de ses enfants assassinés, se retrouvèrent miraculeusement vivants. Manase s'enfuit aussitôt. Parvenu au village voisin de Murambi, il se joignit à un petit groupe de rescapés d'autres tueries, qui, une fois de plus, avaient trouvé asile dans une église adventiste. Ils eurent près de vingt-quatre heures de répit. Puis le docteur Gérard arriva à la tête d'un convoi de miliciens. Une fusillade éclata et Manase s'échappa de nouveau. Cette fois il gagna les montagnes de Bisesero, région escarpée et rocailleuse, pleine de grottes et souvent baignée de brume. Bisesero fut le seul endroit du Rwanda où des milliers de civils tutsi organisèrent la résistance contre les Hutu qui essayaient de les massacrer. « Nous étions si nombreux dans le Bisesero que nous étions convaincus de ne pouvoir mourir. Au début, seuls les femmes et les enfants étaient tués, parce que les hommes se battaient. » Mais, par la suite, les hommes tombèrent à leur tour par dizaines de milliers.

Dans les villages jonchés de cadavres du Kibuye, il était devenu extrêmement difficile de trouver des Tutsi vivants. Aussi, insatiables, par camions et par autocars entiers, les tueurs convergèrent-ils sur Bisesero. « Quand ils ont vu à quel point la résistance était vive, ils ont fait venir des miliciens de très loin, dit Manase. Et ils ne tuaient pas proprement. Quand nous étions faibles, ils épargnaient les balles et nous massacraient avec des lances en bambou. Ils coupaient les tendons d'Achille et les cous, mais pas complètement — ils laissaient les victimes gémir très longtemps, jusqu'à ce qu'elles finissent par mourir. Il y avait plein de chiens et de chats dans le coin, qui se nourrissaient exclusivement de cadavres. »

Samuel, lui aussi, était parvenu à atteindre Bisesero. Il était resté dans l'hôpital « bourré de morts » jusqu'à une heure du matin. Puis il était sorti en rampant du sous-sol, et, en portant « un homme qui avait perdu ses pieds », il avait lentement gagné la montagne. Le récit qu'il me fit de son calvaire après le massacre fut aussi elliptique que sa description de la vie à Mugonero avant le génocide. Contrairement à Manase, il ne trouva guère de réconfort à Bisesero : les défenseurs n'y avaient en somme que l'avantage du terrain. Puisque les Tutsi du Rwanda étaient condamnés à mort, « au bout d'un mois, dit-il, je suis parti au Zaïre ». Pour y arriver, il lui fallut redescendre dans les régions habitées et traverser le lac Kivu de nuit dans une pirogue — entreprise extrêmement hasardeuse, bien qu'il n'en fît nullement état.

Manase demeura au Bisesero. Pendant les combats, me dit-il, « nous avions tellement pris l'habitude de courir que lorsque nous ne courions pas nous ne nous sentions pas à l'aise ». Combattre et courir exaltait Manase, lui donnait un sentiment de transcendance. Puis il reçut une balle dans la cuisse et son existence se réduisit de nouveau à la simple survie. Il trouva une grotte, « un rocher où un torrent entrait sous terre pour ressortir plus bas », et s'y installa. « Le jour j'étais seul. Il n'y avait que des morts, des corps tombés dans le ruisseau, et je me servais de ces cadavres comme d'un pont pour traverser l'eau et aller retrouver les autres le soir. » Et c'est ainsi que Manase survécut.

3

Le Rwanda a de bonnes routes, les meilleures d'Afrique centrale ; mais même les routes illustrent la détresse du pays. Alors qu'elles tissent un impeccable réseau entre neuf des dix capitales provinciales, les artères goudronnées à deux voies qui rayonnent de Kigali excluent ostensiblement le Kibuye. Seule une piste épouvantable y mène, succession d'abrupts lacets en épingle à cheveux, où une pierraille cahoteuse qui vous brise le dos alterne avec une poussière rouge que la moindre pluie transforme en boue épaisse et gluante, et le soleil en une tôle ondulée dévastatrice. Ce n'est pas un hasard si la route du Kibuye est dans un aussi pitoyable état. Dans l'ordre ancien — « Avant » — les Tutsi étaient surnommés *inyenzi*, cafards, et l'on sait qu'ils grouillaient tout particulièrement dans cette province-là. Dans les années quatre-vingt, quand le gouvernement confia à la Chine la réfection de son réseau, la route du Kibuye était la dernière sur la liste, et lorsque son tour arriva enfin, les millions de dollars assignés à ces travaux s'étaient évaporés. Enserrée entre des montagnes à l'est, le lac Kivu à l'ouest, et la forêt primitive au nord et au sud, la belle province du Kibuye était ainsi demeurée (avec un hôtel plein de bâtisseurs de routes chinois désœuvrés) une sorte de Sibérie équatoriale.

S'il faut normalement trois ou quatre heures pour parcourir les cent dix kilomètres entre Kigali et la ville de Kibuye, mon convoi de 4 × 4 mit cette fois une douzaine d'heures. Une averse torrentielle s'abattit sur nous juste après notre départ, vers trois heures de l'après-midi, et à six heures, lorsque dans un col de montagne la boue glissante, arrivant à mi-roue, aspira le premier de nos véhicules dans le fossé, nous n'avions parcouru que la moitié du chemin. La nuit tomba. Les nuages de brouillasse qui nous cernaient par vagues épaississaient encore les ténèbres. Nous ne vîmes les soldats — une douzaine d'hommes armés de kalachnikovs, équipés de chapeaux de brousse, de longues capotes et de bottes en caoutchouc, qui avançaient précautionneusement en sondant la boue avec de longs bâtons — que lorsqu'ils frappèrent à la vitre. Nous ne fûmes guère rassurés lorsqu'ils nous conseillèrent, en attendant l'arrivée des secours, d'éteindre les lumières, de nous regrouper dans un seul véhicule et de ne faire aucun bruit. C'était au début de septembre 1996, plus de deux ans après le génocide, et les miliciens hutu continuaient de terroriser le Kibuye presque toutes les nuits.

D'un côté de la route, la montagne se dressait comme une muraille, pour plonger de l'autre en une plantation de bananiers apparemment presque verticale. La pluie se réduisit à un brouillard perlant et je sortis du véhicule désigné, tandis que les gouttelettes crépitaient sur les feuilles de bananier à un rythme saccadé. Des oiseaux invisibles gloussaient par intermittence. Aux aguets, j'écoutais l'immense xylophone de la nuit. « Vous faites une belle cible », avait dit l'un des soldats. J'étais néanmoins content d'être là, sur une route infranchissable de ce pays souvent insensé, à entendre et flairer — la peau hérissée d'appréhension — cette profonde nuit humide dont chaque Rwandais avait sans doute fait l'expérience, et où je me sentais vulnérable comme jamais auparavant.

Une heure s'écoula. Puis dans le fond de la vallée une femme se mit à hurler — un ululement sauvage et terrible, pareil au cri de guerre d'un Indien de Hollywood. Un bref silence, le temps de remplir ses poumons d'air, et l'alarme trépidante retentit de plus belle, plus aiguë, plus rapide et plus frénétique encore. Mais cette fois-ci, avant même que la femme ait perdu haleine, d'autres voix se joignirent à la sienne. Bientôt les youyous se répondirent en bas, dans les ténèbres. Nous étions attaqués, me dis-je, mais je ne bougeai pas, ne sachant vraiment pas quoi faire.

Quelques instants après, trois ou quatre soldats se matérialisèrent sur la route et franchirent l'épaulement pour disparaître au milieu des bananiers. Le ululement ininterrompu convergea vers un point, atteignit son intensité maximum, puis s'effilocha en vociférations, parmi lesquelles la voix de la femme initiale se détachait avec une fureur magnifiquement intransigeante. Le silence revint bientôt dans la vallée, troublé seulement par le crépitement de la pluie sur les feuilles de bananier. Une autre heure s'écoula. Et au moment même où arrivaient de Kibuye les voitures venues nous secourir, les soldats resurgissaient de la bananeraie, précédant une demi-douzaine de paysans en haillons, armés de bâtons et de machettes, qui entouraient un prisonnier ébouriffé, l'air d'un chien battu.

Un Rwandais de notre groupe partit se renseigner et revint nous dire : « Ce type voulait violer la femme qui a crié. » Les ululements que nous avions entendus étaient un signal de détresse coutumier, expliqua-t-il : « Quand vous l'entendez, vous criez à votre tour et vous arrivez en courant. Vous n'avez pas le choix. Vous êtes obligé. Si vous ignorez ce cri, vous avez des comptes à rendre. C'est comme ça que vivent les Rwandais des montagnes. » Il étendit les mains à plat, doigts écartés, et les fit tourner d'avant en arrière pour indiquer la répartition des lopins, chaque maison étant isolée des autres au milieu de son champ. « Les gens vivent séparément ensemble, dit-il. Il y a une responsabilité mutuelle. Je crie, vous criez. Vous criez, je crie. Nous arrivons tous en courant, et celui qui garde le silence, celui qui reste chez lui, doit s'expliquer. Est-il complice des criminels ? Est-il lâche ? Et qui va venir à son secours lorsqu'il criera ? C'est simple. C'est normal. C'est la communauté. »

Cela me parut un arrangement enviable. Si vous criez, là où vous habitez, peut-on vous entendre ? Si vous entendez un cri d'alarme, vous précipitez-vous à la rescousse en criant vous aussi ? Chez vous, prévient-on ainsi les viols et capture-t-on souvent les violeurs de la sorte ? J'étais très impressionné. Mais supposons que ce système d'obligation communautaire soit subverti, de sorte que le meurtre et le viol deviennent la règle. Qu'advient-il si l'innocence devient un crime et que celui qui protège son voisin soit accusé de « complicité » ? Devient-il normal d'employer des gaz lacrymogènes pour faire crier les gens terrés dans des endroits obscurs afin de pouvoir les tuer ? Plus tard, à Mugonero, lorsque Samuel me parla des gaz lacrymogènes, je me souvins du cri de la femme la nuit dans la vallée.

À la mi-juillet 1994, trois mois après le massacre de Mugonero, le chef de l'Église adventiste, le pasteur Elizaphan Ntakirutimana, s'enfuit avec sa femme au Zaïre, puis en Zambie, et de là gagna Laredo, au Texas. Il n'était pas facile pour les Rwandais d'obtenir un visa américain après le génocide, mais les Ntakirutimana avaient un fils à Laredo, Eliel, anesthésiste spécialisé dans les opérations du cœur, qui était naturalisé américain depuis plus de dix ans. Le pasteur et sa femme se virent donc accorder une carte verte — le statut de « résident étranger permanent » — et s'établirent à Laredo. Peu après leur arrivée, un groupe de Tutsi vivant dans le Middle West écrivirent à la Maison-Blanche pour réclamer que le pasteur Ntakirutimana soit inculpé en raison de son comportement durant le massacre de Mugonero. « Au bout de plusieurs mois, m'indiqua l'un des signataires de la lettre, nous reçûmes une réponse de Thomas E. Donilon, secrétaire d'État adjoint aux Affaires publiques, dans laquelle il nous exprimait ses regrets pour ce qui s'était passé et se contentait de dresser l'inventaire de l'aide que les États-Unis apportaient au Rwanda. Alors que nous disions : il y a eu un million de morts, et voici l'un des responsables... Vous imaginez notre colère. »

Pour le deuxième anniversaire du carnage de Mugonero, une poignée de Tutsi se rendirent à Laredo pour défiler en brandissant des bannières devant la résidence des Ntakirutimana. Ils espéraient ainsi attirer l'attention des médias, et nul doute que c'était une histoire sensationnelle : un pasteur accusé d'avoir organisé l'extermination de milliers de ses ouailles. Des Serbes soupçonnés de crimes bien moins considérables dans l'ex-Yougoslavie — et qui n'avaient aucun espoir d'obtenir une carte verte aux États-Unis — étaient stigmatisés quotidiennement par la presse du monde entier, alors que, hormis quelques rares entrefilets, le pasteur avait jusqu'alors échappé à ce genre de désagrément.

Pourtant, lorsque je regagnai New York en septembre 1996, une semaine après avoir visité Mugonero, j'appris que le FBI s'apprêtait à appréhender Elizaphan Ntakirutimana à Laredo, le Tribunal pénal international des Nations unies pour le Rwanda (TPR) ayant lancé contre lui, depuis Arusha en Tanzanie, un mandat d'arrêt pour génocide — trois chefs d'accusation — et crime contre l'humanité — trois chefs d'accusation également. L'inculpation, qui portait les mêmes charges contre le docteur Gérard Ntakirutimana, contre le maire de Mugonero, Charles Sikubwabo, et contre un homme d'affaires de l'endroit, dénonçait les mêmes faits que m'avaient racontés des survivants : le pasteur avait « recommandé » aux Tutsi de se réfugier dans la mission adventiste ; le docteur Gérard avait fait sortir les réfugiés « non tutsi » ; le père et le fils étaient entrés dans la mission le matin du 6 avril 1994 avec un convoi d'assaillants ; et tous deux étaient accusés d'avoir, « pendant les mois suivants, traqué et attaqué les survivants et d'autres Tutsi, les tuant ou leur causant de graves préjudices physiques ou mentaux ».

L'acte d'accusation était secret, de même que les plans du FBI pour l'arrêter. Lové au creux de l'un des méandres du Rio Grande, à l'extrême sud du Texas, Laredo se trouve à la frontière avec le Mexique, et le pasteur n'en était pas à sa première cavale.

L'adresse du docteur Eliel Ntakirutimana dont je disposais à Laredo était le 313 Potrero Court, un ranch suburbain de brique au bout d'une morne impasse. Un chien gronda lorsque je sonnai à la porte mais personne ne répondit. Je trouvai une cabine téléphonique et appelai l'église adventiste locale, mais l'homme qui décrocha ne comprenait pas l'anglais et je ne parle pas espagnol. J'avais entendu dire que le pasteur Ntakirutimana travaillait dans une boutique diététique de la ville, mais après avoir fait le tour de diverses Casa Ginseng et Fiesta Natural qui semblaient spécialisées dans le traitement de la constipation et de l'impuissance par les plantes, je retournai à Potrero Court. Il n'y avait toujours personne au 313. Un peu plus loin, j'avisai un homme qui vaporisait son allée avec un tuyau d'arrosage. Je lui dis que je cherchais une famille de Rwandais et lui montrai la maison. « Je ne suis pas au courant, répondit-il. Je ne connais guère que mes voisins immédiats. » Je le remerciai, et il ajouta : « D'où viennent ces gens, dites-vous ? » Du Rwanda. Il hésita un instant, puis demanda : « Des gens de couleur ? — Ce sont des Africains », confirmai-je. Il indiqua le 313, en disant : « C'est cette maison-là. Ils ont de sacrées belles voitures. Ça fait environ un mois qu'ils ont déménagé. »

Le nouveau numéro de téléphone d'Eliel Ntakirutimana n'était pas dans l'annuaire, mais tard le soir j'obtins d'un opérateur qu'il me donnât son adresse. Je m'y rendis le lendemain matin. La maison se trouvait dans Estate Drive, dans un nouveau domaine privé aux apparences coûteuses, où chaque demeure, comme au Rwanda, se dressait au centre d'un terrain entouré de murs. Une grille électronique donnait accès à l'ensemble, dont la plupart des parcelles n'étaient encore qu'une prairie nue. Les quelques maisons construites, des folies vaguement méditerranéennes, n'avaient pour seul trait commun que l'immensité. Celle des Ntakirutimana se dressait au bout de la route, derrière une autre grille électronique. Une bonne rwandaise aux pieds nus vint me chercher et, après m'avoir fait passer devant un garage ouvert qui abritait une Corvette décapotable blanche, m'introduisit dans une immense cuisine. Elle téléphona au docteur Ntaki — il avait raccourci son nom par courtoisie pour ses patients américains —, à qui j'expliquai que je souhaitais voir son père. Il me demanda comment j'avais trouvé son adresse. Je le lui indiquai également et il me donna rendez-vous l'après-midi à l'hôpital où il travaillait.

Sur ces entrefaites, l'épouse du médecin, Genny, jolie femme pleine de naturel, rentra chez elle après avoir conduit ses enfants à l'école. Elle m'offrit une tasse de café — « Du Rwanda », dit-elle fièrement. Nous nous enfonçâmes dans d'énormes divans en cuir, auprès d'un gigantesque poste de télévision, dans un recoin de la cuisine d'où l'on apercevait un patio, un pavillon pour le barbecue et, de l'autre côté d'une vaste piscine dallée, un bout de jardin. Les voix lointaines de la bonne rwandaise et d'une gouvernante mexicaine nous parvenaient en écho d'autres pièces au sol de marbre et au plafond très haut. « Nous avons été les derniers avec mon beau-père à apprendre quelque chose, dit Genny. Puisqu'il était réfugié au Zaïre et en Zambie. C'est un vieillard — de plus de soixante-dix ans — et son seul désir était de prendre sa retraite et de finir sa vie au Rwanda. Et voilà qu'il arrive ici et qu'on raconte soudain qu'il a tué des gens. Vous connaissez les Rwandais. Ils sont malades de jalousie. Les Rwandais n'aiment pas que vous soyez riche ou en bonne santé. »

Le père de Genny était un Hutu qui avait fait de la politique et avait été assassiné par des rivaux en 1973. Sa mère, tutsie, avait eu la chance d'être sauvée *in extremis* au moment même où elle allait être tuée. Elle vivait encore au Rwanda. « Les Rwandais d'origine mixte comme nous ne haïssent ni les Tutsi ni les Hutu », dit Genny. C'était une généralisation abusive — nombre de personnes d'origine mixte avaient été tuées comme hutues ou comme tutsies. Mais Genny vivait en exil et, expliqua-t-elle : « La plupart des Rwandais qui vivent en Amérique comme mon mari sont ici depuis si longtemps qu'ils adoptent tous les positions de leur famille. Si celle-ci dit que votre frère a tué, vous prenez son parti. » Elle ne semblait pas, néanmoins, s'être fait une opinion définitive sur son beau-père : « C'est un homme qui ne peut supporter de voir du sang, même quand on tue un poulet. Mais tout est possible. »

Peu avant midi, le docteur Ntaki téléphona pour me proposer plutôt de déjeuner avec lui au country club de Laredo. Arriva alors l'avocat de la famille, Lazaro Gorza-Gongora. Fringant, courtois et très direct, il me dit qu'il n'était aucunement disposé à laisser le pasteur me parler : « Ces accusations sont insensées, monstrueuses et complètement destructrices, dit-il avec une tranquillité désarmante. Les gens racontent n'importe quoi, et ce qui est en jeu, ce sont les dernières années d'un vieux monsieur. »

Rond, loquace, les yeux très saillants, le docteur Ntaki arborait une Rolex au cadran de malachite et une chemise blanche à plastron au col extravagant. Sur le chemin du country club, dans sa Chevrolet Suburban aménagée spécialement pour donner l'impression d'un salon, télévision comprise, il nous parla avec enthousiasme des préparatifs de l'opération à cœur ouvert du président russe Boris Eltsine — le docteur Ntaki était responsable des perfusions dans ce genre d'interventions. Comme sa femme, il estimait que les accusations portées contre son père relevaient d'une jalousie sociale typiquement rwandaise : « Ils nous considèrent comme riches et éduqués, et ils ne peuvent pas le supporter. Voilà un père qui a trois fils médecins et deux autres enfants dans la finance internationale. Et cela dans un pays qui n'avait pas un seul licencié en 1960. Naturellement tout le monde lui en veut et désire le détruire. » Sa famille, ajouta-t-il, possédait deux cents hectares au Kibuye — une propriété de dimensions royales au Rwanda —, avec des plantations de café et de bananes, beaucoup de bétail, « et toutes ces bonnes choses rwandaises ».

Nous déjeunâmes devant le golf. Le docteur Ntaki disserta longuement sur la politique rwandaise. Il ne fut jamais question de « génocide », mais de « chaos, chaos, chaos », tandis que chacun essayait simplement de sauver sa peau. Et c'étaient les Tutsi qui avaient commencé, en assassinant le président. Je lui rappelai qu'il n'y avait aucune preuve que les Tutsi aient participé à cet attentat. Alors que le génocide avait été méticuleusement préparé par les extrémistes hutu qui l'avaient déclenché dans l'heure qui avait suivi la mort d'Habyarimana. Le docteur Ntaki ignora mes remarques : « Si le président Kennedy avait été assassiné dans ce pays par un Noir, dit-il, il est tout à fait certain que la population américaine aurait massacré tous les Noirs. »

Gorza-Gongora me regarda noter cette déclaration absurde dans mon carnet et sortit de son silence pour s'adresser à moi : « Vous dites "extermination", vous dites "systématique", vous dites "génocide". Ce n'est qu'une théorie, et je crois que vous avez fait tout ce voyage jusqu'à Laredo pour que mon client serve de confirmation à cette hypothèse.

— Non, je suis venu ici parce qu'un homme de Dieu est accusé d'avoir ordonné l'assassinat de la moitié de ses fidèles, simplement parce qu'ils étaient nés "tutsi".

— Quelles preuves en avez-vous ? Des témoins oculaires ! s'esclaffa Gorza-Gongora. N'importe qui peut dire qu'il a vu n'importe quoi.

— Les témoins sont tous les otages du gouvernement, intervint le docteur Ntaki. S'ils ne disent pas ce que le nouveau gouvernement demande, ils seront tués. »

Et pourtant, ajouta le docteur Ntaki, son père, soucieux de défendre son honneur, souhaitait me rencontrer, contre l'avis de son avocat.

« Le pasteur estime que le silence est un aveu de culpabilité, dit Gorza-Gongora. Le silence, c'est la paix. »

En quittant le country club, je demandai au docteur Ntaki s'il n'avait jamais eu le moindre doute sur l'innocence de son père. « Bien sûr, mais… Vous avez un père. Moi, je défendrai le mien jusqu'au bout de mes ressources. »

L'allure austère — toque grise sur cheveux gris, lunettes carrées cerclées d'acier, chemise grise, bretelles noires, pantalon noir, souliers noirs à bout carré —, le pasteur Ntakirutimana était assis dans une bergère à oreilles dans le petit salon de son fils, et serrait sur ses genoux un dossier en papier kraft. Il parla en kinyarwanda, la langue nationale du Rwanda, tandis que son fils traduisait. « Ils disent que j'ai tué des gens », commença-t-il d'un ton où l'incrédulité le disputait à la colère. « Huit mille personnes. » C'était un chiffre quatre fois plus élevé que tout ce que j'avais entendu jusque-là. « Tout ça, ce sont de purs mensonges. À cent pour cent. Je n'ai tué personne. Je n'ai jamais dit à quiconque de tuer quelqu'un. Je ne pourrais pas faire une chose pareille. »

Lorsque le « chaos » débuta à Kigali, expliqua le pasteur, il ne croyait pas qu'il atteindrait Mugonero, au point que lorsque les Tutsi commencèrent à affluer à l'hôpital, il leur demanda ce qu'ils venaient faire là. Au bout d'une semaine environ, il y avait tellement de réfugiés que « la situation est devenue un peu bizarre ». Aussi le pasteur et son fils Gérard organisèrent-ils une réunion pour décider de ce qu'il fallait faire. C'est à ce moment-là que deux policiers se présentèrent pour garder l'hôpital : « Alors nous n'avons pas tenu la réunion, parce qu'ils étaient venus sans que nous le leur ayons demandé. »

Puis le samedi 16 avril, à sept heures du matin, les deux policiers vinrent trouver le pasteur Ntakirutimana chez lui. « Ils m'ont remis des lettres des pasteurs tutsi qui se trouvaient à l'hôpital. L'une était adressée à moi, et une autre au maire. La mienne disait : "Vous savez qu'ils complotent de nous tuer. Pouvez-vous demander au maire de nous protéger ?" » Ntakirutimana alla donc voir le maire, Charles Sikubwabo. « Je lui ai fait part du message que m'avaient envoyé les pasteurs tutsi et je lui ai remis la lettre qui lui était destinée. Le maire m'a dit : « Pasteur, il n'y a plus de gouvernement. Je n'ai aucun pouvoir. Je ne peux rien faire. »

« Ça m'a beaucoup surpris. Je suis retourné à Mugonero et j'ai demandé aux policiers de transmettre ce message aux pasteurs : "Il n'y a rien à faire et le maire dit lui aussi qu'il ne peut rien faire." » Alors le pasteur Ntakirutimana, accompagné de sa femme et de quelques autres personnes qui « voulaient se cacher », partit en voiture à Gishyita, bourgade où habitait le maire Sikubwabo et où nombre des blessés réfugiés à Mugonero avaient reçu leurs blessures. « Gishyita, expliqua-t-il, avait déjà tué ses gens ; la paix y régnait donc. »

Le pasteur Ntakirutimana me dit qu'il n'était retourné à Mugonero que le 27 avril. « Tout le monde était enterré, je n'ai jamais rien vu. Ensuite, je ne suis jamais allé nulle part. Je suis resté dans mon bureau. Sauf un jour, où je me suis rendu à Rwamatamu parce que j'avais entendu dire que des pasteurs étaient aussi morts là-bas, et je voulais voir si je pouvais trouver ne serait-ce qu'un de leurs enfants à sauver. Mais je n'ai trouvé personne à sauver. C'étaient des Tutsi. »

À l'en croire, le pasteur Ntakirutimana avait toujours été un grand protecteur des Tutsi. Non content de leur procurer emplois et logements, il n'avait cessé de favoriser leur ascension dans la hiérarchie adventiste. « Toute ma vie et jusqu'à mon dernier souffle, dit-il en projetant le menton en avant, il n'y a personne que j'aie autant essayé d'aider que les Tutsi. » Il ne comprenait pas qu'ils aient l'ingratitude de porter des accusations contre lui. « On dirait qu'il n'y a plus aucune justice. »

Le nom Ntakirutimana signifie « rien n'est plus grand que Dieu, et, ajouta le pasteur, je crois être plus près de Dieu que je ne l'ai jamais été de ma vie. Quand je vois ce qui s'est passé au Rwanda, je suis très triste parce que la politique est mauvaise. Beaucoup de gens sont morts ». Il n'avait pas tant l'air triste que fatigué, soucieux, indigné. « La haine est le fruit du péché, et il faudra attendre le retour de Jésus-Christ pour qu'elle disparaisse à jamais. » Et il répéta une fois de plus : « Tout était chaos.

— Ils disent que c'est vous qui l'avez organisé, lui rappelai-je.

— Jamais, jamais, jamais, jamais. »

Je lui demandai s'il se souvenait des termes exacts de la lettre que lui avaient adressée les sept pasteurs tutsi tués à Mugonero. Il ouvrit le dossier posé sur ses genoux. « Voilà », dit-il en brandissant l'original manuscrit et sa traduction. Sa belle-fille, Genny, sortit m'en faire des photocopies sur son fax, tandis que le docteur Ntaki, qui avait besoin de prendre un verre, allait chercher une bouteille de scotch. Gorza-Gongora, l'avocat, me dit : « J'ai toujours été opposé à cette rencontre avec vous. » Genny m'apporta la lettre. Elle était datée du 15 avril 1994.

Notre cher guide, Pasteur Elizaphan Ntakirutimana,

Comment allez-vous ! Nous vous souhaitons d'être fort dans tous ces problèmes que vous affrontez, et nous avons le plaisir de vous informer que demain nous serons tués avec nos familles. Nous vous demandons donc d'intervenir pour nous auprès du maire. Nous croyons que, avec l'aide de Dieu qui vous a confié la direction de ce troupeau qui va être détruit, votre intervention sera hautement appréciée, de la même manière que les Juifs furent sauvés par Esther.

Nous vous rendons honneur.

La lettre était signée des pasteurs Ézéchiel Semugeshi, Isaka Rucondo, Seth Rwanyabuto, Éléazar Seromba, Seth Sebihe, Jérôme Gakwaya et Ézéchias Zigirinshuti.

Le docteur Ntaki me reconduisit à ma voiture. Dans l'allée il s'arrêta et me dit : « Si mon père a commis des crimes, bien que je sois son fils je dis qu'il doit être poursuivi. Mais je ne crois pas un mot de tout ça. »

Vingt-quatre heures après notre entretien, le pasteur Elizaphan Ntakirutimana roulait sur l'autoroute 80 en direction du Mexique. Les agents du FBI qui l'avaient pris en filature trouvèrent qu'il conduisait d'une manière très étrange : il allait parfois très vite, puis il ralentissait, changeait de file et accélérait brusquement de nouveau. À quelques kilomètres de la frontière, ils l'interceptèrent. L'arrestation passa presque entièrement inaperçue dans la presse américaine. Quelques jours plus tard, en Côte-d'Ivoire, Gérard, le fils du pasteur, était arrêté à son tour et rapidement transféré au tribunal des Nations unies. Le pasteur, qui disposait du statut de résident étranger permanent aux États-Unis, avec tous les droits que cela impliquait, demanda à l'avocat Ramsey Clark, un ancien procureur général spécialisé dans les affaires politiques nauséabondes, d'essayer d'empêcher son extradition. Clark plaida, spécieusement, qu'il serait inconstitutionnel pour les États-Unis de livrer le pasteur — ou qui que ce soit d'autre — au tribunal, et le juge Marcel Notzon, chargé de l'affaire au tribunal fédéral d'instance, épousa ses conclusions. Le 17 décembre 1997, après avoir passé quatorze mois dans une prison de Laredo, le pasteur Ntakirutimana était remis en liberté sans condition. Jusqu'à ce que, neuf semaines après, le FBI l'arrêtât de nouveau, la décision du juge Notzon ayant fait entre-temps l'objet d'une procédure d'appel.

Lorsque j'appris que le pasteur Ntakirutimana avait été rendu à sa famille pour les fêtes de Noël, je repris mes notes de Mugonero. J'avais oublié qu'après mes entretiens avec des survivants, mon interprète, Arsène, m'avait demandé de l'accompagner dans la chapelle de l'hôpital, où de nombreuses personnes avaient été massacrées ; il voulait rendre hommage aux morts, qui étaient enterrés tout près de là, dans une fosse commune. Nous fîmes silence dans le sanctuaire vide aux bancs de ciment. Sur le sol, au pied de l'autel, étaient posés quatre cercueils commémoratifs, enveloppés de linceuls blancs frappés de croix noires tracées à la peinture. « Les gens qui ont fait ça, dit Arsène, ne comprenaient pas ce que signifie un pays. Qu'est-ce qu'un pays ? Qu'est-ce qu'un être humain ? Ils n'en avaient pas la moindre idée. »

Méfiez-vous de ceux qui parlent de la spirale de l'histoire. Ils préparent un boomerang. Tenez un casque d'acier à portée de la main.

RALPH ELLISON,
Homme invisible pour qui chantes-tu ?

4

Selon la célèbre histoire, le frère aîné, Caïn, était cultivateur, et Abel, le cadet, pasteur. Ils présentèrent leurs offrandes à Dieu — Caïn des produits du sol, Abel des premiers-nés de son troupeau. Dieu agréa les présents d'Abel, mais non ceux de Caïn. Alors Caïn tua Abel.

Le Rwanda fut d'abord occupé par des Pygmées troglodytes ; leurs descendants, les Twa, forment aujourd'hui un groupe marginalisé qui représente moins de un pour cent de la population. Hutu et Tutsi arrivèrent ensuite, mais on ne sait pas précisément d'où ni dans quel ordre. Si la convention assure que les Hutu sont des Bantous qui s'établirent les premiers au Rwanda depuis le sud et l'ouest, et les Tutsi des Nilotiques venus du nord et de l'est, ces théories reposent plus sur la légende que sur des faits documentés. Le temps passant, Hutu et Tutsi finirent par parler la même langue, pratiquer la même religion, se marier ensemble et vivre sans distinctions territoriales, sur les mêmes collines, en partageant la même culture sociale et politique, au sein de petits royaumes. Les chefs, les mwamis, étaient tantôt hutu, tantôt tutsi ; Hutu et Tutsi combattaient côte à côte dans leurs armées ; par le mariage et le patronage, un Hutu pouvait devenir héréditairement tutsi et *vice versa*. En raison de tous ces mélanges, ethnographes et historiens ont fini par conclure qu'on ne pouvait à proprement parler considérer les Hutu et les Tutsi comme des groupes ethniques distincts.

Mais les noms hutu et tutsi sont restés. Ils signifiaient quelque chose, et bien que ce qu'ils recouvrent précisément ne fasse pas l'unanimité — « classes », « castes » et « rangs » sont les plus souvent évoqués —, nul ne conteste l'origine de la distinction : les Hutu étaient des cultivateurs et les Tutsi des pasteurs. Telle était l'inégalité primitive : le bétail est un bien plus précieux que les produits du sol, et quoique certains Hutu aient possédé des vaches tandis que certains Tutsi cultivaient la terre, le mot tutsi devint synonyme d'élite politique et économique. La stratification s'accéléra, semble-t-il, après 1860, lorsque le mwami Kigeri Rwabugiri, un Tutsi, monta sur le trône du Rwanda et engagea une série de campagnes militaires et politiques qui agrandirent et affermirent son emprise sur un territoire presque aussi vaste que l'actuelle république.

Mais nulle description fiable des institutions précoloniales ne nous est parvenue. Les Rwandais n'avaient pas d'alphabet ; leur tradition était orale et donc malléable ; et puisque leur société est farouchement hiérarchisée, les récits qu'ils donnent de leur passé sont souvent dictés par ceux qui détiennent le pouvoir, que ce soit au sein de l'État ou dans l'opposition. « Qu'il faille considérer comme hypothétique — sinon entièrement fictive — une bonne partie de ce qui passait pour fait historique dans les cercles savants doit contraindre, au lendemain du génocide, de plus en plus d'historiens à réfléchir aux utilisations politiques de leurs écrits et leurs lecteurs à douter d'allégations avancées avec une assurance abusive », souligne l'essayiste politique Mahmood Mamdani.

L'histoire du Rwanda est donc hasardeuse. Comme toute l'Histoire, c'est une chronique de luttes successives pour le pouvoir ; et le pouvoir consiste très largement à savoir faire épouser par les autres votre représentation de leur réalité — même si, comme c'est souvent le cas, ce récit est écrit avec leur sang. Certains faits et certaines situations demeurent néanmoins incontestables. Par exemple, Rwabugiri était l'héritier d'une dynastie qui prétendait remonter à la fin du XIVe siècle. Cinq cents ans sont une très longue vie pour n'importe quel régime, à quelque époque et en quelque lieu que ce soit. Sans doute se peut-il que les chroniqueurs aient exagéré, ou compté le temps autrement que nous, et que le royaume de Rwabugiri n'ait duré que quelques siècles — c'est tout de même un âge très respectable, et une telle durée exige de l'organisation.

Lorsque Rwabugiri fut intronisé, l'État rwandais — jadis petite chefferie dominant une colline unique — administrait une bonne partie de ce qui est aujourd'hui le Rwanda du Sud et du Centre grâce à une hiérarchie rigoureuse et très stratifiée de chefs et de gouverneurs militaires, politiques et civils, de sous-chefs, vice-gouverneurs et ainsi de suite. Prêtres, collecteurs d'impôts, chefs de clan et recruteurs de soldats avaient tous leur place dans l'ordre qui unissait chaque colline du royaume dans une même vassalité envers le mwami. La cour du mwami regorgeait d'intrigues aussi savantes et perfides que celles décrites par Shakespeare, avec les complications supplémentaires d'une polygamie institutionnelle et des pouvoirs immenses dévolus à la reine mère.

Incarnation du Rwanda, le mwami était personnellement révéré à l'égal d'une divinité absolue et infaillible, et à mesure qu'il agrandit son domaine, Rwabugiri façonna de plus en plus l'univers de ses sujets à sa propre image. Il confia les postes politiques et militaires importants de préférence aux Tutsi, dont la puissance économique s'accrut parallèlement. Dans ce régime fondamentalement féodal, les Tutsi représentèrent toujours davantage l'aristocratie et les Hutu les vassaux. Mais d'autres facteurs continuaient parallèlement de déterminer le rang et l'identité — le clan, la région, le clientélisme, la valeur militaire, voire l'entregent individuel —, et les frontières entre Hutu et Tutsi demeuraient poreuses. D'ailleurs, dans quelques régions de l'actuel Rwanda que le mwami Rwabugiri ne parvint pas à conquérir, ces distinctions n'existent pas. Apparemment, les identités hutue et tutsie ne se définirent qu'en fonction du pouvoir étatique ; ce faisant, les deux groupes développèrent inévitablement leurs cultures distinctes — leur représentation d'eux-mêmes et de l'autre — selon leurs attributions respectives, et très souvent par opposition réciproque : un Hutu était ce que n'était pas un Tutsi, et inversement. Mais en l'absence de ces rigoureux tabous qui marquent souvent la frontière entre les groupes ethniques ou tribaux, les Rwandais qui désiraient privilégier ces distinctions devaient amplifier des différences minuscules et imprécises, comme la prépondérance du lait dans l'alimentation et, surtout, les traits physiques.

Dans le méli-mélo des caractéristiques rwandaises, la question des apparences est d'autant plus délicate qu'elle a souvent signifié la vie ou la mort. Mais personne ne peut contester les archétypes physiques : trapus, les Hutu ont la peau sombre, le visage rond, le nez plat et les lèvres épaisses ; tandis que les Tutsi, élancés, ont la peau plus claire, le visage allongé, les lèvres minces, le nez et le menton étroits. Avec d'innombrables exceptions : « Vous ne pouvez pas nous distinguer », assure Laurent Nkongoli, le vice-président de l'Assemblée nationale, « pas plus que nous ne pouvons, nous-mêmes, faire la différence. Je voyageais un jour dans le Nord en autocar, et comme j'étais dans une région où ils — les Hutu — vivaient, et que je mangeais du maïs comme eux, ils disaient : "C'est l'un des nôtres." Mais je suis un Tutsi de Butare, dans le Sud. » Et pourtant, lorsqu'ils arrivèrent au Rwanda à la fin du XIXe siècle, les Européens découvrirent une race majestueuse de rois guerriers, au milieu de troupeaux de bovins aux longues cornes, et une race subordonnée de paysans petits et sombres, cultivant des tubercules à la houe et cueillant des bana-

— hamitique —

nes. Les Blancs en déduisirent que telle était la tradition du pays et ils y virent une situation naturelle.

La « science raciale » faisait alors fureur en Europe, et ceux qui étudiaient l'Afrique centrale se fondaient en particulier sur « l'hypothèse hamitique », proposée en 1863 par John Hanning Speke, Anglais surtout connu pour avoir « découvert » le grand lac africain qu'il baptisa Victoria et qu'il considéra comme la source du Nil. L'essentiel de sa théorie anthropologique, qu'il forgea de toutes pièces, était que toute la culture et toute la civilisation de l'Afrique centrale avaient été introduites par le peuple élancé aux traits plus fins, en lequel il voyait une tribu caucasoïde d'origine éthiopienne, descendant du roi David — race par conséquent supérieure aux négroïdes indigènes.

Dans son *Journal de la découverte de la source du Nil*, Speke revient sans cesse sur la laideur physique et morale des « races primitives » africaines, dont la situation lui apparaît comme « une preuve étonnamment actuelle des Saintes Écritures ». Et d'invoquer le chapitre IX de la Genèse, dans lequel Noé, âgé de six cent un ans, ayant conduit l'arche à bon port après le déluge, s'enivra et s'endormit nu sous sa tente. Lorsqu'il se réveilla de son ivresse, Noé apprit que son plus jeune fils, Cham, non content de voir sa nudité, avait invité ses frères, Sem et Japhet, à en faire autant, et que ceux-ci, le dos chastement tourné, avaient couvert le vieil homme d'un tissu. Noé maudit alors le fils de Cham, Canaan, en disant : « Qu'il soit pour ses frères le dernier des esclaves ! » Cette histoire, l'une des plus énigmatiques d'une Genèse déjà passablement sibylline, a donné lieu à d'innombrables interprétations, dont la moins déconcertante n'est pas de faire de Cham l'ancêtre des Noirs. « En contemplant ces fils de Noé », Speke s'émerveillait que « tels ils étaient alors, tels ils nous apparaissent aujourd'hui. »

Speke ouvre une partie de son *Journal*, intitulée « La Faune », par ces mots : « Nous allons commencer l'étude de cette branche de l'histoire naturelle par l'homme — le nègre véritable, cheveux crépus, nez épaté, bouche lippue. » Cette sous-espèce représentait pour Speke un mystère encore plus grand que celui du Nil : « Que le nègre ait vécu tant de siècles sans progresser semble extraordinaire, alors que tous les pays en dehors de l'Afrique sont tellement avancés en comparaison. À en juger par le progrès à l'œuvre dans le monde, on est amené à supposer que l'Africain doit ou bien sortir de ses ténèbres, ou être supplanté par un être qui lui est supérieur. » Un gouvernement colonial — « comme le nôtre en Inde » — pourrait sauver le « nègre » de la perdition, sinon il lui voyait « très peu de chances » de s'en sortir : « Tel son père avant lui, il fait travailler sa femme, vend ses enfants, asservit tous ceux sur qui il peut mettre la main, et, lorsqu'il ne se bat pas pour tâcher de s'emparer du bien d'autrui, se contente de boire, de chanter et de danser comme un babouin, pour chasser ses soucis. »

On s'étonne simplement qu'un homme qui s'était tant efforcé de voir le monde d'un œil neuf n'ait rapporté que ces clichés si exemplairement victoriens. (Du reste, presque rien n'a changé. Il suffit de légèrement corriger les citations précédentes — les caricatures grossières, la question de l'infériorité raciale, et le passage sur le babouin — pour obtenir le portrait de l'Afrique malvenue qui prévaut jusqu'à ce jour dans la presse américaine et européenne, ainsi que dans les appels à la charité des organisations d'aide humanitaire.) Et pourtant, à côté de ses malheureux « nègres », Speke trouva une « race supérieure d'hommes aussi différents que possible de la classe ordinaire des indigènes » dont le « beau visage ovale, les grands yeux et le nez haut dénotent le meilleur sang de l'Abyssinie ». Cette « race » comprenait nombre de tribus, et notamment les Watutsi — les Tutsi —, qui toutes élevaient du bétail et dominaient généralement les masses négroïdes. Ce qui ravissait surtout Speke, c'était leur « apparence physique », laquelle, malgré la crêpelure et l'assombrissement de la peau résultant des intermariages, conservait « une forte empreinte asiatique, dont une caractéristique marquée est un nez busqué et non épaté ». Speke concluait ses élucubrations pseudo-scientifiques en invoquant l'autorité historique des Écritures : cette race des seigneurs « à demi sémitique-hamitique » descendait d'une tribu chrétienne perdue et, avec un peu d'éducation britannique, pourrait se révéler presque aussi « supérieure à tous égards » qu'un Anglais comme lui.

Rares sont les Rwandais d'aujourd'hui qui ont entendu parler de John Hanning Speke, mais la plupart connaissent l'essentiel de son extravagant fantasme — que les Africains qui ressemblaient le plus aux tribus de l'Europe exerçaient *ipso facto* leur domination — et, qu'ils l'acceptent ou non, bien peu de Rwandais nieraient que le mythe hamitique est l'une des idées essentielles à partir desquelles ils comprennent leur réalité. En novembre 1992, l'idéologue du Pouvoir hutu Léon Mugesera prononça un discours célèbre, dans lequel il engageait les Hutu à renvoyer les Tutsi en Éthiopie par le Nyabarango, affluent du Nil qui traverse le Rwanda en serpentant. Il n'avait pas besoin de préciser davantage. En avril 1994, la rivière débordait de Tutsi morts, et par dizaines de milliers les cadavres s'échouaient sur les rives du lac Victoria.

Une fois que l'intérieur de l'Afrique eut été « ouvert » à l'imagination des Européens par des explorateurs comme Speke, son appropriation ne se fit pas attendre. Pris d'une frénésie de conquête, les souverains européens revendiquèrent de vastes portions du continent. Si bien qu'en 1885 les principales puissances européennes organisaient un congrès à Berlin pour définir les frontières de leurs nouveaux empires africains. En règle générale, les lignes qu'ils tracèrent sur la carte, et qui pour la plupart délimitent toujours les États africains, ne tinrent aucun compte des traditions politiques ou territoriales des régions concernées. Des centaines de royaumes et de chefferies, qui formaient des nations distinctes, avec leurs langues, leurs religions, leur histoire sociale et politique complexe, se virent découper ou, plus souvent, regrouper sous divers drapeaux européens. Mais les cartographes de Berlin laissèrent le Rwanda intact, ainsi que son voisin du Sud, le Burundi, pour en faire deux provinces de l'Afrique orientale allemande*.

Aucun Blanc n'avait encore mis le pied au Rwanda au moment du congrès de Berlin. Speke, dont les théories raciales étaient considérées comme paroles d'Évangile par les colonisateurs du Rwanda, s'était contenté de jeter un coup d'œil par-dessus la frontière orientale du pays, depuis une colline de l'actuelle Tanzanie ; et lorsque l'explorateur Henry Morton Stanley, intrigué par la réputation d'« exclusion féroce » du Rwanda, tenta de franchir cette frontière, il fut repoussé par une grêle de flèches. Jusqu'aux trafiquants d'esclaves qui contournaient le pays. En 1894, un Allemand, le comte von Götzen, fut le premier Blanc à entrer au Rwanda et à rendre visite à la cour royale. L'année suivante, la mort du mwami Rwabugiri plongea le royaume dans une crise politique, si bien qu'en 1897 l'Allemagne installait ses premiers bureaux administratifs dans le pays, hissait le drapeau du Kaiser Guillaume, et instaurait une politique de

* Parce qu'ils furent administrés comme un territoire colonial commun, parce que leurs langues sont remarquablement similaires, parce que tous deux sont peuplés, en proportions égales, de Hutu et de Tutsi, et parce que leurs épreuves postcoloniales ont été marquées par la violence entre ces deux groupes, le Rwanda et le Burundi sont souvent considérés comme les deux moitiés d'une expérience politique et historique unique, d'un même « problème ». En réalité, bien que les événements y aient invariablement des répercussions réciproques, le Rwanda et le Burundi forment depuis l'époque précoloniale deux nations distinctes et indépendantes. Leur histoire présente des différences souvent plus frappantes que les ressemblances, et la comparaison risque d'engendrer la confusion si l'on n'étudie pas d'abord chacun de ces pays tel qu'en lui-même. *(N.d.A.)*

gouvernement indirect. Officiellement, il s'agissait de placer quelques agents allemands à la tête de la cour et du système administratif en place, mais la réalité se révéla plus compliquée.

La mort de Rwabugiri avait déclenché une violente lutte pour la succession parmi les clans royaux tutsi ; la dynastie était en grand désarroi et les chefs affaiblis des factions rivales s'empressèrent de collaborer avec les maîtres coloniaux pour obtenir leur soutien. La structure politique qui en résulta est souvent qualifiée de « double colonialisme », les élites tutsies profitant de la protection et de la liberté accordées par les Allemands pour poursuivre leurs luttes intestines et accentuer leur hégémonie sur les Hutu. Au moment où la Société des Nations remit le Rwanda à la Belgique comme butin de la Première Guerre mondiale, les termes hutu et tutsi définissaient clairement des identités « ethniques » opposées, et les Belges firent de cette polarisation la pierre angulaire de leur politique coloniale.

« L'un des phénomènes les plus surprenants de la géographie humaine du Rwanda est sûrement le contraste entre la pluralité des races et le sentiment d'unité nationale », écrivait dans les années cinquante le missionnaire Mgr Louis de Lacger dans son histoire du Rwanda. « Les indigènes de ce pays croient sincèrement ne former qu'un seul peuple. » S'émerveillant de l'unité née de la fidélité à la monarchie — « Je tuerais pour mon mwami », disait un chant populaire — et au dieu national, Imana, Lacger concluait que « la férocité de ce patriotisme s'exalte jusqu'au chauvinisme ». Les Rwandais « étaient persuadés avant la pénétration européenne que leur pays était le centre du monde, que c'était le royaume le plus vaste, le plus puissant et le plus civilisé de la terre », notait pour sa part son confrère missionnaire, le père Pages. S'il Lui arrivait parfois de visiter d'autres pays, croyaient-ils, c'était toujours au Rwanda que Dieu revenait se reposer. « Ils trouvaient naturel, poursuit Pages, que les deux pointes du croissant lunaire soient tournées vers le Rwanda, afin de le protéger. » Nul doute qu'ils supposaient aussi que Dieu s'exprimait en kinyarwanda, rares étant les habitants de cet État précolonial isolé qui connaissaient l'existence d'une autre langue. Aujourd'hui encore, alors que les responsables rwandais et nombre de citoyens sont plurilingues, le kinyarwanda est l'idiome de tous les Rwandais. C'est d'ailleurs, après le swahili, la langue la plus parlée d'Afrique. « Il y a peu de pays en Europe, soulignait Lacger, où l'on trouve ces trois facteurs de la cohésion nationale : une seule langue, une seule foi, une seule loi. »

C'est peut-être cette remarquable spécificité rwandaise qui incita les colonisateurs à adopter l'absurde prétexte hamitique grâce auquel ils divisèrent la nation contre elle-même. Les Belges pouvaient difficilement se prétendre nécessaires au maintien de l'ordre. Ils recherchèrent, au contraire, les aspects de la civilisation existante qui correspondaient à leurs propres idées de la domination et de l'assujettissement pour les plier à leurs objectifs personnels. La colonisation est violence, et il y a bien des manières d'appliquer cette violence. Outre des cadres militaires et administratifs, et une véritable armée de missionnaires, les Belges expédièrent des scientifiques au Rwanda. Dûment équipés de balances, mètres à ruban et compas, ces derniers entreprirent de peser les Rwandais, de mesurer leur capacité crânienne et de comparer le relief relatif de leur nez. Comme il se doit, les scientifiques découvrirent ce dont ils étaient persuadés tout du long : les Tutsi avaient des caractéristiques plus « nobles », plus « naturellement » aristocratiques que les Hutu « grossiers » et « bestiaux ». Selon l'« indice nasal », par exemple, il apparaissait que le nez tutsi moyen était plus long d'environ deux millimètres et demi et plus étroit de près de cinq millimètres que le nez hutu moyen.

Les années passant, un certain nombre d'observateurs européens distingués se laissèrent tellement emporter par leur fétichisme des raffinements tutsi qu'ils tentèrent de damer le pion à Speke en proposant, diversement, que la race supérieure rwandaise devait venir de Mélanésie, de la cité disparue d'Atlantide ou même — à en croire un diplomate français — de l'espace. Les colonisateurs belges, qui administraient le pays en étroite collaboration avec l'Église catholique, préférèrent s'en tenir au mythe hamitique et se mirent à réorganiser entièrement la société rwandaise selon des critères prétendument ethniques. Mgr Léon Classe, le premier évêque du Rwanda, recommandait ainsi de priver les Hutu de droits et de renforcer « l'hégémonie traditionnelle des Tutsi bien nés ». Tout effort pour remplacer les chefs tutsi par de

« frustes » Hutu « précipiterait l'État tout entier dans l'anarchie et dans un communisme âprement antieuropéen. Nous n'avons pas, ajoutait-il, de chefs mieux qualifiés, plus intelligents, plus actifs, plus capables d'apprécier le progrès et plus entièrement acceptés par le peuple que les Tutsi. »

Le message de Classe fut entendu : les structures administratives villageoises traditionnelles, qui offraient aux Hutu leur dernier espoir d'autonomie locale, furent systématiquement démantelées, tandis que les élites tutsies obtenaient le pouvoir presque illimité d'exploiter le travail des Hutu et de lever l'impôt sur eux. En 1931, les Belges et l'Église déposèrent le mwami qu'ils jugeaient trop indépendant, pour le remplacer par un nouveau, Mutara Rudahigwa, choisi pour sa servilité. Abdiquant sa divinité, Mutara se hâta de se convertir au catholicisme, et son peuple le suivit si massivement devant les fonts baptismaux que le Rwanda devint bientôt le pays le plus catholicisé d'Afrique. Puis, en 1933-1934, les Belges effectuèrent un recensement afin de délivrer des cartes d'identité « ethniques », classant chaque Rwandais comme hutu (quatre-vingt-cinq pour cent), tutsi (quatorze pour cent) ou twa (un pour cent). Ces documents rendaient virtuellement impossible aux Hutu de devenir tutsi, et permirent aux Belges de parfaire un système d'apartheid fondé sur le mythe de la supériorité tutsie.

Ainsi les offrandes des pasteurs tutsi trouvèrent-elles grâce aux yeux des maîtres coloniaux et non celles des cultivateurs hutu. L'oligarchie tutsie, ravie de

CATHOLIQUE / cartes ethniques

l'aubaine et redoutant de subir les avanies qu'on l'encourageait à infliger aux Hutu, accepta la primauté comme un dû. Les écoles catholiques, qui dominaient le système éducatif colonial, pratiquaient une discrimination flagrante en faveur des Tutsi, lesquels disposaient du monopole des emplois administratifs et politiques, tandis que les Hutu voyaient se réduire toujours davantage leurs espérances de promotion déjà limitées. Rien ne marquait la différence de manière plus éclatante que le régime belge du travail forcé, où des armées de Hutu trimaient en masse dans les plantations, construisaient les routes et abattaient les arbres, sous la surveillance de contremaîtres tutsi. Des dizaines d'années plus tard, un vieux Tutsi résumait ainsi l'ordre colonial belge : « Tu fouettes le Hutu ou nous te fouetterons. » La brutalité ne se bornait pas aux coups — épuisés par les travaux communautaires obligatoires, les paysans négligeaient leurs champs, et les collines fécondes du Rwanda subissaient des famines à répétition. Dès les années vingt, c'était par centaines de milliers que ruraux hutu et tutsi appauvris s'enfuyaient en Ouganda au nord et au Congo à l'ouest pour gagner leur vie comme ouvriers agricoles itinérants.

Peu importait désormais ce que les identités hutue et tutsie pouvaient représenter dans la société précoloniale ; les Belges avaient fait de l'« ethnicité » la définition même de l'existence au Rwanda. Sans doute la plupart des Hutu et des Tutsi conservaient des relations plutôt cordiales, les intermariages se poursuivaient, et le sort des petits Tutsi des collines ne se distinguait guère de celui de leurs voisins hutu. Mais chaque écolier étant élevé dans la doctrine de la supériorité et de l'infériorité raciales, l'idée d'une identité collective nationale se dissolvait peu à peu, et, de part et d'autre de la ligne de partage, Hutu et Tutsi prônaient l'exclusion mutuelle en invoquant respectivement le préjudice ou la prérogative.

Le tribalisme engendre le tribalisme. La Belgique était elle-même une nation « ethniquement » divisée, où la minorité wallonne francophone dominait depuis des siècles la majorité flamande. Or voilà qu'au terme d'une longue « révolution sociale » la Belgique entrait dans une époque de plus grande égalité démographique. Les prêtres flamands qui commencèrent à arriver au Rwanda après la Seconde Guerre mondiale s'identifièrent aux Hutu et encouragèrent leurs aspirations au changement politique. Entre-temps, l'administration coloniale belge avait été placée sous la tutelle des Nations unies et se devait donc de préparer l'indépendance du Rwanda. Les activistes politiques hutu en profitèrent pour réclamer le gouvernement de la majorité et une « révolution sociale » en leur faveur. Mais au Rwanda la lutte politique ne fut jamais vraiment une conquête de l'égalité : il s'agissait plutôt de déterminer qui dominerait l'État ethniquement bipolaire.

En mars 1957, neuf intellectuels hutu publièrent un *Manifeste hutu* réclamant la « démocratie », mais loin de rejeter le mythe hamitique, ils le poussèrent jusqu'à ses ultimes conséquences : si les Tutsi étaient des envahisseurs étrangers, le Rwanda était de plein droit la nation de la majorité hutue. Ainsi se résumait la pensée démocratique au Rwanda : la domination de la majorité hutue. Les auteurs du *Manifeste* s'opposaient ainsi fermement à l'abandon des cartes d'identité ethniques pour ne pas « empêcher la loi statistique d'établir la réalité des faits », comme si le fait d'être hutu ou tutsi déterminait automatiquement les conceptions politiques de chacun. Sans doute des opinions plus modérées se faisaient-elles entendre, mais qui écoute les modérés dans une période de révolution ? Tandis que se multipliaient les nouveaux partis hutu invitant les masses à s'unir autour de leur « identité hutue », les Belges entreprirent d'organiser des élections. Mais avant même que les Rwandais aient vu la moindre urne, des centaines d'entre eux furent massacrés.

Le 1er novembre 1959, dans la province de Gitarama, un militant hutu et petit dirigeant local, Dominique Mbonyumutwa, fut roué de coups par des adversaires tutsi. La rumeur assura qu'il en était mort. Ce n'était pas vrai, mais aujourd'hui encore nombre de Hutu sont persuadés que Mbonyumutwa fut tué ce soir-là. Rétrospectivement, les Rwandais vous diront qu'un incident de ce genre était inévitable, mais la prochaine fois que vous lirez un article comme celui qui fit la une du *New York Times* en octobre 1997, évoquant « l'animosité séculaire entre les groupes ethniques tutsi et hutu », souvenez-vous que, jusqu'à l'agression de Mbonyumutwa qui mit le feu aux poudres en 1959, il n'y avait jamais eu nulle part de violence politique systématique entre Hutu et Tutsi.

1ère violence entre H + T

Dans les vingt-quatre heures qui suivirent l'attentat de Gitarama, des bandes de Hutu furieux commencèrent à attaquer les autorités tutsies et à incendier les maisons des Tutsi. La « révolution sociale » avait commencé. En moins d'une semaine, les violences gagnèrent la plus grande partie du pays. Organisés généralement par groupes de dix sous la conduite d'un homme muni d'un sifflet, les Hutu se lancèrent dans une campagne de pillages, d'incendies et d'assassinats sporadiques à l'encontre des Tutsi. Ce soulèvement populaire, baptisé « le vent de la destruction », fut notamment attisé par un colonel belge, Guy Logiest, dépêché du Congo au Rwanda trois jours après l'agression contre Mbonyumutwa pour endiguer les troubles. Si certains Rwandais s'interrogeaient sur l'attitude de Logiest à l'égard de la violence, ils en eurent vite le cœur net en voyant ses troupes belges assister sans intervenir à l'incendie de maisons tutsies par des Hutu. « C'était un moment crucial pour le Rwanda, expliqua Logiest vingt-cinq ans plus tard. Son peuple avait besoin de soutien et de protection. »

Les Tutsi ne faisaient-ils donc pas partie du peuple rwandais ? Quatre mois avant le début des émeutes, le mwami qui régnait depuis près de trente ans, et bénéficiait encore du soutien de nombreux Hutu, était allé au Burundi se faire soigner d'une maladie vénérienne par un médecin belge. À peine le médecin lui eut-il fait une piqûre que le mwami s'effondra mort, apparemment victime d'un choc allergique. Le bruit se répandit parmi les Tutsi du Rwanda qu'il avait été empoisonné, dégradant davantage encore leurs relations déjà tendues avec leurs anciens protecteurs belges. Au début de novembre, lorsqu'il demanda au colonel Logiest l'autorisation de déployer une armée face aux révolutionnaires hutu, le nouveau mwami, néophyte politique de vingt-cinq ans, se heurta à une fin de non-recevoir. Les troupes royalistes entrèrent néanmoins en campagne, mais bien que les affrontements aient fait en novembre un peu plus de victimes chez les Hutu que parmi les Tutsi, la contre-offensive avorta rapidement. « Nous devons prendre parti », déclara le colonel Logiest au début de 1960, tandis que les maisons tutsies continuaient de flamber ; par la suite, il n'exprimerait aucun regret d'avoir « été si partial envers les Tutsi ».

Logiest, qui dirigeait virtuellement la révolution, se considérait comme un champion de la démocratisation dont la tâche était de redresser les torts manifestes de l'ordre colonial qu'il servait. « Je me demande ce qui m'a fait agir avec tant de résolution, s'interrogerait-il plus tard. C'était sans aucun doute la volonté de rendre sa dignité au peuple. Et probablement tout autant le désir d'abattre l'arrogance et de dénoncer la duplicité d'une aristocratie fondamentalement oppressive et injuste. »

Que des revendications légitimes sous-tendent une révolution ne garantit pas, néanmoins, que l'ordre révolutionnaire sera juste. Au début de 1960, le colonel Logiest procéda à un véritable coup d'État en décrétant le remplacement des chefs tutsi par des dirigeants hutu, si bien qu'aux élections locales organisées l'été suivant les Hutu, qui contrôlaient la plupart des bureaux de vote, conquirent au moins quatre-vingt-dix pour cent des principaux postes à pourvoir. Plus de vingt mille Tutsi avaient alors été chassés de chez eux, nombre qui s'accrut rapidement à mesure que les nouveaux responsables hutu organisaient les violences contre les Tutsi, ou simplement les arrêtaient arbitrairement pour affirmer leur autorité ou s'emparer de leurs biens. Parmi le flot de réfugiés tutsi qui prirent alors le chemin de l'exil figurait le mwami.

« La révolution est terminée », annonça le colonel Logiest en proclamant en octobre un gouvernement provisoire dirigé par Grégoire Kayibanda, l'un des auteurs du *Manifeste hutu*. « La démocratie a vaincu le féodalisme », déclara Kayibanda dans son discours d'investiture, tandis que Logiest, vainqueur magnanime, lançait cette mise en garde prophétique : « Ce ne sera pas une démocratie si elle ne sait pas également respecter les droits des minorités. [...] Un pays où la justice perd cette qualité fondamentale prépare les pires désordres et son propre effondrement. » Mais le moins que l'on puisse dire, c'est que cette pondération tardive n'était pas dans l'esprit de la révolution à laquelle il avait présidé.

Sans doute dans le Rwanda de la fin des années cinquante, personne ne proposait d'alternative à une solution politique tribale. L'État colonial et l'Église coloniale avaient rendu cela presque inconcevable, et si les Belges changèrent de bord ethnique à la veille de l'indépendance, le nouvel ordre qu'ils instauraient ainsi n'était que l'ordre ancien inversé. En janvier 1961, les Belges organisèrent une conférence des nouveaux dirigeants hutu au cours de laquelle la monarchie fut officiellement abolie et la république proclamée. Si le gouvernement de transition reposait théoriquement sur un partage du pouvoir entre les partis hutu et tutsi, quelques mois après, une commission de l'ONU rapportait que la révolution rwandaise avait, en fait, « amené la dictature raciale d'un seul parti » et simplement remplacé « un type de régime oppressif par un autre ». Il était à craindre, concluait-elle, « que nous assistions un jour à de violentes réactions de la part des Tutsi ». Peu importait aux Belges, qui accordèrent l'indépendance complète au Rwanda en 1962 sous la présidence de Grégoire Kayibanda.

Ainsi la dictature hutue emprunta-t-elle les oripeaux de la démocratie, tandis que les luttes politiques se réduisaient au Rwanda aux querelles internes entre élites hutues, à la manière des rivalités de naguère entre clans royaux tutsi. Les révolutionnaires du Rwanda étaient devenus ce que l'écrivain V.S. Naipaul appelle les « singes » postcoloniaux, ces gens qui reproduisent les abus contre lesquels ils s'étaient révoltés, en oubliant que les victimes avaient fini par chasser leurs anciens maîtres. Le président Kayibanda avait presque certainement lu la célèbre histoire du Rwanda de Louis de Lacger, mais loin de chercher à ressusciter le peuple unifié par le « sentiment national », cher à Lacger, il préférait parler de « deux nations dans un seul État ».

La Genèse dit que le premier meurtre fut un fratricide. Pour des motifs politiques : l'élimination d'un rival potentiel. Lorsque Dieu demande ce qui s'est passé, Caïn répond par ce mensonge acerbe : « Je ne sais pas. Suis-je le gardien de mon frère ? » Ce qu'il y a de choquant dans cette histoire, ce n'est pas tant le meurtre, qui est résumé en une courte phrase, mais l'impudence de Caïn et l'indulgence de Dieu. Pour avoir tué son frère, Caïn est condamné à devenir « un errant parcourant la terre ». Et quand il proteste que le premier venu le tuera, Dieu lui répond : « Si quelqu'un tue Caïn, on le vengera sept fois. » Caïn s'en tire donc à très bon compte et reçoit même une protection particulière, mais comme l'indique la légende, le modèle de justice instauré après son crime n'était pas viable. Les hommes devinrent vite si mauvais que la terre « se remplit de violence », et Dieu regretta tant sa création qu'il décida de l'anéantir par un déluge. Dans l'ère nouvelle qui s'ensuivit, la loi finirait par fonder l'ordre social. Mais il faudrait pour cela bien d'autres querelles fratricides.

5

« Mon histoire depuis ma naissance ? s'étonna Odette Nyiramilimo. Vous avez vraiment le temps ? »

Je lui répondis que j'avais tout le temps.

« Je suis née à Kinunu, dans la province de Gisenyi, en 1956. J'avais donc trois ans quand cette histoire de génocide a commencé. Je ne m'en souviens pas exactement, mais j'ai aperçu un groupe d'hommes qui descendaient de la colline d'en face avec des machettes, et je vois encore les maisons flamber. Nous nous sommes enfuis dans la brousse avec nos vaches et nous y sommes cachés pendant deux mois. Nous avions donc du lait, mais rien d'autre. Notre maison a été brûlée de fond en comble. »

Odette était assise très droite au bord d'un fauteuil de jardin en plastique blanc, les mains croisées sur la table nue de plastique blanc qui nous séparait. Son mari jouait au tennis ; ses enfants barbotaient dans la piscine. C'était un dimanche au Cercle sportif de Kigali — l'odeur du poulet sur le gril, les cris des baigneurs qui s'éclaboussaient et le tapement des balles de tennis, la luxuriance éclatante des bougainvillées qui cascadaient le long du mur du jardin. Nous étions assis à l'ombre d'un grand arbre. Odette portait un jean et un corsage blanc, et une amulette pendait à son cou au bout d'une mince chaîne d'or. Elle parla rapidement et sans détour pendant plusieurs heures.

« Je ne me rappelle pas quand nous avons reconstruit la maison, mais en 63, alors que j'étais en première année du cours élémentaire, je me souviens d'avoir vu mon père, bien habillé, comme pour une fête, et enveloppé dans une grande toge blanche. Il était sur la route, je jouais avec mes frères et sœurs, et il nous a dit : "Au revoir, mes enfants, je vais mourir. — Non, non !" nous sommes-nous écriés. Et il a dit : "N'avez-vous pas vu une jeep passer sur la route ? Elle transportait tous vos oncles maternels. Je ne vais pas attendre qu'ils me traquent. Je vais rester ici pour mourir avec eux." Nous avons pleuré et pleuré, et finalement nous l'avons convaincu de ne pas mourir à ce moment-là, mais tous les autres ont été tués. »

C'est ainsi que les Tutsi du Rwanda comptent les années de leur vie, par étapes bien particulières : 59, 60, 61, 63, et ainsi de suite jusqu'à 94, sautant parfois plusieurs années, exemptes de terreur, parfois ralentissant pour préciser les mois et les jours.

Le président Kayibanda était, au mieux, un politicien terne, et son habitude de vivre en reclus laisse penser qu'il en était conscient. Inciter les masses hutues à massacrer les Tutsi était apparemment pour lui la seule manière de perpétuer l'esprit de la révolution. Et de prétexter les coups de main que lançaient de temps à autre sur le Rwanda des groupes armés de

Tutsi monarchistes en exil. Ces guérilleros furent les premiers à être surnommés « cafards », et ils reprirent ce sobriquet à leur compte pour exprimer leurs allures furtives et leur certitude d'être impossibles à écraser. Quelque intermittentes et inefficaces que fussent leurs attaques, les représailles hutues contre les civils tutsi étaient invariablement fulgurantes et générales. Les premières années de la république, rares furent les périodes où les Tutsi n'étaient pas chassés de chez eux par les incendies criminels et les meurtres.

L'invasion de « cafards » la plus spectaculaire se produisit en 1963 quelques jours avant Noël. Plusieurs centaines de guérilleros tutsi s'enfoncèrent dans le sud du Rwanda depuis l'une de leurs bases au Burundi et s'avancèrent jusqu'à une vingtaine de kilomètres de Kigali avant d'être anéantis par l'armée rwandaise sous commandement belge. Non content de cette victoire, le gouvernement décréta l'état d'urgence dans tout le pays afin de combattre les « contre-révolutionnaires », et chargea un ministre d'organiser des unités d'« autodéfense » hutues, ayant pour « tâche » de « nettoyer la brousse ». Il s'agissait en réalité d'exterminer les Tutsi et d'incendier leurs foyers. Vuillemin, un instituteur qui travaillait pour les Nations unies à Butare, qualifia de « véritable génocide » les massacres de décembre 1963 et de janvier 1964, et accusa les coopérants européens et les dirigeants religieux du pays d'une indifférence envers cette tuerie organisée par l'État qui touchait à la complicité. Entre le 24 et le 28 décembre, rapportait-il dans *Le Monde*, des massacres bien organisés firent parmi les Tutsi au moins quatorze mille morts dans la seule province de Gikongoro. Bien que les hommes instruits fussent les principales cibles, « dans la plupart des cas, des femmes et des enfants furent également abattus à la massue ou à la lance. Le plus souvent les victimes étaient jetées dans la rivière après avoir été dépouillées de leurs vêtements ». Nombre des survivants suivirent en exil les précédents flots de réfugiés, si bien qu'à l'été de 1964 environ deux cent cinquante mille Tutsi avaient quitté le pays. C'était, s'indigna sir Bertrand Russell, « le massacre le plus horrible et le plus systématique auquel nous ayons eu l'occasion d'assister depuis l'extermination des Juifs par les nazis ».

Après que les oncles d'Odette eurent été conduits à la mort, son père loua un camion pour emmener tous les siens au Congo. Mais la famille était si nombreuse — son père avait deux femmes et Odette était la dix-septième de ses dix-huit enfants ; avec les grands-parents, parents par alliance, tantes, cousins, neveux et nièces, la famille ne comptait pas moins de trente-trois personnes — que le camion se révéla trop petit. Et comme l'une des grand-mères n'arrivait absolument pas à trouver une place, le père d'Odette déclara : « Restons ici et mourons ici. » Ainsi renoncèrent-ils au départ.

Il ne restait pratiquement plus d'autres Tutsi à Kinunu que la famille d'Odette. Pendant un certain temps ils vécurent pauvrement dans les montagnes avec leurs vaches en craignant pour leur vie. Puis un conseiller municipal du village vint trouver le père d'Odette et lui dit : « Nous vous aimons bien et nous ne voulons pas que vous mouriez, nous allons donc faire de vous un Hutu. » Odette ne se souvenait pas exactement comment l'arrangement s'était effectué : « Jusqu'à leur mort mes parents n'en ont jamais parlé. C'était un peu humiliant, mais mon père a pris la carte d'identité, et pendant deux ans il a été hutu. Puis il a été convoqué parce qu'il avait une carte d'identité frauduleuse. »

Fatigués de voir massacrer des Tutsi chaque fois qu'ils lançaient une opération, les « cafards » en exil démantelèrent leur malheureuse armée en 1966. Kayibanda, en tant que mwami des Hutu, se dit que le vieux modèle colonial de discrimination officielle, qui restreignait l'accès d'une ethnie à l'éducation, aux emplois publics et à l'armée, devrait suffire à maintenir les Tutsi à leur place. Et pour renforcer le pouvoir proportionnel de la majorité, les chiffres du recensement furent manipulés afin que les Tutsi ne représentent plus que neuf pour cent de la population, avec des prérogatives réduites en conséquence. Malgré le monopole du pouvoir dont disposaient les Hutu, le mythe hamitique demeura le fondement de l'idéologie officielle, si bien qu'un profond sentiment d'infériorité, quasi mystique, subsista chez les nouvelles élites hutues du Rwanda, et pour aggraver le système des quotas une méritocratie inversée fut imposée aux Tutsi se disputant les rares situations qui leur étaient offertes : les plus mauvais candidats l'emportaient nécessairement sur les meilleurs. « J'avais une sœur qui était toujours première de notre classe, tandis que j'étais aux alentours de la dixième place, se souvenait

Odette. Mais lorsqu'on a lu la liste de ceux qui étaient admis à l'école secondaire, j'y figurais et pas ma sœur — parce que j'étais moins brillante, moins dangereuse. »

« Puis ce fut 73, poursuivit Odette. J'avais quitté le village pour l'école normale de Cyangugu [dans le Sud-Ouest], et un matin, alors que nous prenions le petit déjeuner avant d'aller à la messe, ils ont fermé les portes et les fenêtres. Puis des garçons d'une autre école sont entrés dans la salle à manger et ont encerclé les tables. Je tremblais. Je me rappelle que j'avais un morceau de pain dans la bouche et que je n'arrivais pas à l'avaler. Les garçons ont crié : "Debout les Tutsi. Tous les Tutsi, levez-vous !" Il y avait parmi eux un garçon de ma colline. Nous étions allés à l'école primaire ensemble. Il a dit : "Toi, Odette, assieds-toi, nous savons que tu as toujours été hutue." Puis un autre garçon s'est approché et m'a tiré les cheveux, en disant : "Avec des cheveux pareils, nous savons que tu es tutsie." »

Les cheveux avaient beaucoup d'importance pour John Hanning Speke. Lorsqu'il décida que le roi du Rwanda appartenait à la race supérieure hamitique, Speke décréta qu'il descendait « des Abyssiniens et du roi David, dont les cheveux étaient aussi raides que les miens ». Flatté, le roi acquiesça : on racontait, en effet, dit-il, que ses ancêtres avaient « jadis été à moitié blancs et à moitié noirs, avec des cheveux raides du côté blanc et crépus du côté noir ». Odette n'était ni grande ni particulièrement élancée, et selon « l'indice nasal » elle se situait probablement dans la moyenne rwandaise. Mais les théories de Speke avaient acquis une telle importance qu'un siècle après qu'il se fut tué dans un « accident de chasse », un lycéen rwandais avait pu tourmenter Odette parce qu'elle aimait rejeter ses cheveux en arrière, en ondulations souples. « Alors, la directrice de l'école, une Belge, a dit : "Oui, elle, c'est une Tutsie de première catégorie, emmenez-la." Nous avons donc été expulsées. Personne n'a été tué cette fois-ci. Quelques filles se sont fait cracher au visage et ont dû se traîner à genoux, et d'autres ont été battues. Puis nous sommes parties à pied. »

Dans tout le Rwanda, les étudiants tutsi se faisaient tabasser et expulser, et nombre d'entre eux, en rentrant chez eux à pied, trouvèrent leur maison brûlée. Cette fois-ci, les troubles avaient été déclenchés par les événements au Burundi, où le paysage politique ressemblait beaucoup à celui du Rwanda vu dans un miroir sanglant. Au Burundi, c'était une junte militaire tutsie qui exerçait le pouvoir, et les Hutu craignaient pour leur vie. Au printemps de 1972, quelques Hutu burundais avaient tenté une insurrection, rapidement écrasée. Alors, sous prétexte de rétablir « la paix et l'ordre », l'armée lança une campagne nationale d'extermination des Hutu instruits, au cours de laquelle nombre de Hutu incultes périrent également. Au Burundi la frénésie génocide dépassa tout ce que le Rwanda avait connu jusqu'alors : au moins cent mille Hutu furent massacrés au printemps de 1972, tandis que plus de deux cent mille partaient en exil — principalement au Rwanda.

Cet afflux de réfugiés burundais rappela au président Kayibanda le pouvoir de l'antagonisme ethnique pour galvaniser la population. D'autant que le pays stagnait dans la pauvreté et l'isolement et avait besoin de se secouer. Kayibanda demanda donc au commandant en chef de l'armée, le major-général Juvénal Habyarimana, d'organiser des Comités de salut public pour rappeler aux Tutsi ce que le gouvernement de la majorité signifiait au Rwanda. Les victimes furent relativement peu nombreuses cette fois-ci — « seulement » quelques centaines —, mais au moins cent mille Tutsi de plus partirent en exil.

Lorsque Odette parla de 1973, elle ne mentionna pas le Burundi, les manœuvres politiques de Kayibanda ni l'exode massif. Elle s'en tint à son histoire personnelle. Un matin, alors qu'elle avait la bouche pleine de pain, son univers s'était effondré une fois de plus parce qu'elle était tutsie. « Nous avons été six filles à être chassées de l'école. J'avais mon sac et nous sommes parties à pied. » Au bout de trois jours, après avoir parcouru quatre-vingts kilomètres, elles arrivèrent dans le Kibuye. Odette y avait des parents — « une sœur de [s]on beau-frère qui avait épousé un Hutu » — et elle se figurait qu'elle pourrait leur demander l'hospitalité.

« Cet homme était rémouleur et je l'ai trouvé à sa meule devant chez lui. Il m'a ignorée. Je me suis demandé, est-il soûl ? Ne me voit-il donc pas ? Je lui ai dit : "C'est moi, Odette. — Qu'est-ce que tu fais là ? m'a-t-il demandé. Ce ne sont pourtant pas les vacances." Je lui répondu : "Nous avons été chassées."

Alors il a dit : “Je ne donne pas asile aux cafards.” Voilà ce qu’il a dit. Ma belle-sœur est arrivée, elle m’a embrassée et » — Odette fit claquer ses mains au-dessus de sa tête et les abaissa brusquement devant elle comme deux couperets — « il nous a séparées brutalement. » Elle regarda ses bras tendus et les laissa retomber. Puis elle ajouta, en riant : « En 82, quand je suis devenue médecin, c’est à l’hôpital de Kibuye que j’ai obtenu mon premier poste, et mon premier patient a été cet homme-là, ce beau-frère. Je n’ai pas pu l’affronter. Je tremblais et j’ai dû quitter la pièce. Mon mari était directeur de l’hôpital et je lui ai dit : “Je ne peux pas soigner cet homme-là.” Il était très malade et j’avais prêté le serment d’Hippocrate, mais… »

Au Rwanda, l’histoire d’une jeune fille chassée comme « cafard » et qui revient comme médecin doit être, en partie du moins, une histoire politique. Et c’est ainsi qu’Odette la raconta. En 1973, après avoir été rejetée par son beau-frère, elle continua son chemin à pied jusqu’à Kinunu. Là, elle trouva la maison de son père vide et l’un des bâtiments latéraux incendié. La famille se cachait dans la brousse, campait au milieu de ses bananiers, et Odette vécut là avec les siens pendant plusieurs mois. Puis, en juillet, le responsable des pogroms, le major-général Habyarimana, destitua Kayibanda, se proclama président et suspendit les attaques contre les Tutsi. Les Rwandais, dit-il, devaient vivre en paix et travailler ensemble au développement du pays. Le message était clair : la violence avait atteint son objectif et Habyarimana était l'accomplissement de la révolution.

« Nous avons dansé dans les rues lorsque Habyarimana a pris le pouvoir, m'avoua Odette. Enfin un président qui disait de ne pas tuer les Tutsi. Et après 75, en tout cas, nous avons effectivement vécu en sécurité, même si les exclusions se sont perpétuées. » En réalité, jamais le Rwanda n'avait été gouverné de manière plus totalitaire. « Développement » était l'expression politique préférée d'Habyarimana, comme d'ailleurs celle des donateurs d'aide européens et américains qu'il exploitait avec une grande habileté. Chaque citoyen, de par la loi, devint membre à vie du parti du président, le Mouvement révolutionnaire national pour le développement (MRND), instrument docile et omniprésent d'Habyarimana. Il fut interdit à la population de changer de résidence sans l'autorisation des autorités et, naturellement, l'ancien quota de neuf pour cent continua de s'imposer aux Tutsi. Les membres des forces armées n'avaient pas le droit d'épouser des Tutsies, et il va sans dire qu'ils ne pouvaient être tutsi eux-mêmes. Deux Tutsi obtinrent finalement un siège au Parlement d'Habyarimana, simple chambre d'enregistrement, tandis qu'un autre Tutsi alibi devenait ministre. S'ils croyaient mériter mieux, les Tutsi se gardèrent bien de protester : Habyarimana et son MRND promettaient de les laisser vivre en paix et il y avait belle lurette qu'ils n'avaient pu en espérer autant.

Si la directrice de l'école normale de Cyangugu refusa de l'admettre de nouveau, Odette put s'inscrire dans un établissement scientifique et se prépara à une carrière médicale. La directrice de cette école, belge elle aussi, prit Odette sous son aile — elle se garda bien de l'inscrire sur les registres et la cacha dès que les inspecteurs du gouvernement venaient débusquer les Tutsi. « C'était un passe-droit d'un bout à l'autre, et les autres filles n'appréciaient guère. Une nuit, elles sont venues me battre avec des bâtons dans mon dortoir, dit Odette sans insister davantage. C'était le bon temps. La directrice veillait sur moi, j'étais devenue une bonne élève, la première de la classe, et je fus ensuite reçue, grâce à de nouveaux tours de passe-passe, à l'école nationale de médecine de Butare. »

Odette ne me raconta rien de sa vie d'étudiante en médecine, en dehors de cette anecdote : « Une fois, à Butare, un professeur de médecine interne est venu me trouver, en disant : “Quelle jolie fille” ; il a commencé à me peloter les fesses et a essayé de me draguer alors qu'il était marié. »

Ce souvenir lui échappa comme ça, sans lien apparent avec la pensée qui l'avait précédé ou celle qui le suivit. Puis Odette fit un bond dans le temps, jusqu'à la fin de ses études et son mariage. Mais, un bref instant, cette image d'une jeune étudiante à un moment un peu embarrassant flotta entre nous. Odette semblait amusée, et je pris conscience de tout ce qu'elle ne me disait pas en dévidant le récit de sa vie. Elle gardait pour elle-même ce qui ne concernait pas les Hutu et les Tutsi. Par la suite, je rencontrai Odette à plusieurs soirées — son mari et elle étaient très sociables et appréciés à juste titre. Non contents d'être d'excellente compagnie — chaleureux, enjoués, toujours de bonne humeur —, ils dirigeaient ensemble la clinique du Bon-Samaritain, maternité et institution pédiatrique privées, et passaient pour d'excellents médecins. Ils se manifestaient une affection charmante et pleine de simplicité, et l'on voyait immédiatement qu'ils menaient une vie riche et passionnante. Mais lorsque nous nous rencontrâmes dans le jardin du Cercle sportif, Odette me parla comme la survivante d'un génocide à un correspondant étranger. Son thème était la menace de l'annihilation, et les rares instants où il lui arrivait de s'en écarter — pour un bon souvenir, une anecdote amusante, un trait d'esprit — émaillaient brièvement son récit comme autant de signes de ponctuation.

Je comprenais très bien son attitude. Nous sommes, chacun de nous, la résultante de la manière dont nous nous imaginons et dont les autres nous voient, et, rétrospectivement, nos souvenirs se structurent en moments où nos vies se définissent plus nettement en fonction des idées que les autres se font de nous, et en ces moments plus intimes où nous sommes plus libres de nous imaginer nous-mêmes. Mes propres parents et grands-parents arrivèrent aux États-Unis comme réfugiés du nazisme. Avec des histoires comme celle d'Odette, traqués de-ci de-là parce qu'ils étaient nés ceci et non cela, ou parce qu'ils avaient choisi de résister aux traqueurs au nom d'idées politiques opposées. Vers la fin de leur vie, mes deux grands-pères écrivirent leurs Mémoires, et bien que leurs histoires et leurs sensibilités fussent sensiblement différentes, tous deux conclurent leur récit au milieu de leur vie, au moment où ils étaient arrivés en Amérique. Je ne sais pas pourquoi. Peut-être que rien de ce qui leur était advenu par la suite ne leur avait donné le sentiment d'être aussi intensément, ou terriblement, conscients et vivants. Mais en écoutant Odette, je compris que si votre vie devient ainsi l'affaire des autres — devient une question, et une question qu'ils se chargent de régler —, alors vous allez vouloir garder pour vous le souvenir des moments où vous étiez un peu plus libre de vous imaginer vous-même, car ce sont les seuls instants qui vous appartiennent véritablement et inviolablement.

Il en alla de même avec pratiquement tous les survivants tutsi que j'ai rencontrés au Rwanda. Lorsque j'insistais pour savoir comment ils avaient vécu pendant les longues périodes sans éruption de violence — anecdotes familiales ou villageoises, histoires drôles, menus ennuis, souvenirs d'école ou de travail, un mariage, un enterrement, un voyage, une fête ou une querelle —, la réponse était toujours opaque : pendant les moments normaux nous vivions normalement. Je finis par cesser de poser la question, parce qu'elle semblait inutile et peut-être cruelle. En revanche, je constatai que les Hutu racontaient volontiers leurs souvenirs des petits drames de la vie quotidienne avant le génocide, anecdotes parfaitement normales, comme le disaient les survivants tutsi : variantes rwandaises d'histoires qu'on pourrait entendre n'importe où.

Le souvenir avait donc son économie, comme l'expérience elle-même ; et lorsque Odette évoqua en souriant la main du professeur de médecine interne sur son postérieur, je compris qu'elle avait oublié cette économie pour vagabonder dans ses souvenirs, et j'eus le sentiment que nous en étions tous les deux ravis. Un professeur l'avait imaginée accessible, tandis qu'elle imaginait qu'un professeur marié devrait manifester davantage de retenue. Tous deux se trompaient. Mais les gens ont les idées les plus curieuses sur la manière dont ils doivent se conduire les uns envers les autres — et quand il s'agit du « bon vieux temps », de « la vie normale », ça ne porte pas vraiment à conséquence.

Le mari d'Odette, Jean-Baptiste Gasasira, était le fils d'un Tutsi et d'une Hutue, mais son père était mort quand il était enfant et sa mère s'était débrouillée pour lui obtenir une carte d'identité hutue. « Ça ne l'avait pas empêchée de se faire tabasser en 73, fit remarquer Odette, mais du moins les enfants ont-ils des papiers hutu. » Ils avaient deux fils et une fille, et peut-être en auraient-ils eu davantage si Jean-Baptiste et elle n'avaient pas autant vécu à l'étranger dans les années quatre-vingt pour se spécialiser — « une rare occasion pour des Tutsi », facilitée par leur amitié avec le secrétaire général du ministère de l'Éducation.

Lorsque Habyarimana prit le pouvoir, le Rwanda était nettement plus pauvre que n'importe lequel de ses voisins, tandis qu'au milieu des années quatre-vingt il était devenu plus riche qu'aucun d'entre eux. Odette et Jean-Baptiste, qui occupaient des postes bien payés à l'hôpital central de Kigali, étaient tout près du sommet de l'échelle rwandaise : logement et voitures payés par le gouvernement, vie mondaine florissante dans le Tout-Kigali. « Nos meilleurs amis étaient hutu, des ministres et ceux de notre génération qui étaient au pouvoir. C'était notre univers. Mais c'était parfois un peu dur. Bien qu'il ait été engagé comme hutu, les gens trouvaient que Jean-Baptiste avait le visage et les manières d'un Tutsi, et nous étions considérés comme des Tutsi. »

Ce subtil sentiment d'exclusion s'accentua peu à peu. En novembre 1989, un homme se présenta à la maternité et demanda le docteur Odette. « Il était très impatient et exigea de me voir. "Vous êtes convoquée à la Présidence, dit-il, au bureau du secrétaire général de la sécurité." » Terrifiée, Odette se dit qu'on allait l'interroger sur son habitude de rencontrer parents et amis réfugiés à l'occasion de ses voyages dans les pays voisins et en Europe.

La diaspora tutsie rwandaise n'avait cessé de croître depuis 1959 et représentait désormais environ un million de personnes ; c'était le problème de réfugiés le plus important et le plus ancien d'Afrique. Près de la moitié de ces exilés vivaient en Ouganda, et au début des années quatre-vingt un certain nombre de ces derniers avaient rallié le chef rebelle Yoweri Museveni dans sa lutte contre la dictature brutale du président Milton Obote. En janvier 1986, lorsque Museveni se déclara vainqueur et se proclama président de l'Ouganda, son armée comptait plusieurs milliers de réfugiés rwandais. Habyarimana se sentit menacé. Depuis des années il affectait de négocier avec des groupes de réfugiés qui réclamaient le droit de regagner le Rwanda, mais, invoquant la surpopulation chronique du pays, il avait toujours refusé de les laisser rentrer. Au Rwanda presque toutes les terres cultivables étaient cultivées, et la famille moyenne se composait de huit personnes vivant de l'agriculture vivrière sur moins d'un cinquième d'hectare. Peu après la victoire de Museveni en Ouganda, Habyarimana mit fin aux discussions en déclarant simplement que le Rwanda était plein à craquer. Depuis lors, tout contact avec des réfugiés était strictement interdit. Odette n'ignorait pas qu'Habyarimana disposait d'un vaste réseau d'espions, et, en se rendant en voiture à la Présidence, elle se demanda ce qu'elle pourrait bien raconter si ses rencontres avec des exilés avaient été découvertes.

« Docteur Odette, commença le chef de la sécurité du président Habyarimana, on dit que vous êtes un bon médecin.

— Je ne sais pas, répondit-elle.

— Si, on dit que vous êtes très intelligente. Vous avez étudié dans toutes ces bonnes écoles sans en avoir le droit. Mais qu'avez-vous déclaré récemment dans le couloir de l'hôpital, après la mort du frère du président ?

— Je ne comprends pas ce que vous voulez dire.

— Vous avez déclaré que les démons devraient emporter toute la famille Habyarimana. »

Odette, qui tremblait de peur, éclata de rire. « Je suis médecin, dit-elle. Vous ne vous figurez pas que je crois aux démons ? »

Le chef de la sécurité rit à son tour. Odette rentra chez elle et le lendemain matin, comme d'habitude, elle se rendit à son travail. « J'ai commencé ma tournée, puis un collègue est venu me trouver et m'a dit : "Décidément, tu n'arrêtes pas de te promener. Où est-ce que tu pars cette fois-ci ? En Belgique ? Ailleurs ?" Et, devant ma surprise, il m'a montré que mon nom avait été enlevé des portes des salles ; et tout le monde avait été prévenu que je ne travaillais plus à l'hôpital. »

6

La déception gagnait toujours davantage de Rwandais — et pas seulement les Tutsi — à mesure que la Deuxième République se pétrifiait en un régime totalitaire absolu, dans lequel Habyarimana, candidat unique, se targuait ridiculement d'avoir obtenu quatre-vingt-dix-neuf pour cent des suffrages aux élections présidentielles. L'entourage du président se recrutait presque exclusivement dans son fief du Nord-Ouest, et les Hutu du Sud se sentaient de plus en plus mis à l'écart. Parmi les masses paysannes, les Hutu demeuraient presque aussi opprimés que les Tutsi, surtout après qu'Habyarimana eut rétabli l'ancien système colonial honni des travaux communautaires obligatoires. Certes, à l'instigation des propagandistes omniprésents du MRND, tout le monde s'empressait d'aller chanter et danser en l'honneur du président lors des « animations » politiques de masse, mais ces festivités publiques obligatoires ne pouvaient masquer le mécontentement croissant d'une bonne partie de la société rwandaise. Si le pays dans son ensemble était devenu un peu moins pauvre sous la tutelle d'Habyarimana, la grande majorité des habitants vivait toujours dans une pauvreté extrême, tandis que nul n'ignorait que l'omnipotent président et ses proches accumulaient d'immenses richesses.

N'en avait-il pas toujours été ainsi de mémoire de Rwandais ? Du reste, en comparaison de la plus grande partie de l'Afrique postcoloniale, le Rwanda faisait figure d'Éden auprès des donneurs d'aide étrangère. Presque partout ailleurs, en effet, les dictateurs inféodés aux adversaires de la guerre froide gouvernaient par le pillage et le meurtre, tandis que leurs opposants armés entonnaient cette bruyante rhétorique anti-impérialiste qui donne aux coopérants blancs le sentiment amer d'être totalement incompris. Le Rwanda apparaissait paisible — ou plutôt, comme les volcans, en sommeil : de bonnes routes, des églises très fréquentées, une faible criminalité, une santé et une éducation publiques en constante amélioration. Pour un bureaucrate ayant à dépenser un budget d'aide extérieure et soucieux d'établir des rapports statistiques optimistes sans trop mentir, le Rwanda semblait exemplaire. La Belgique déversait des capitaux dans son ancienne colonie ; la France, toujours avide d'étendre son empire néocolonial africain — la francophonie — apportait une assistance militaire à Habyarimana depuis 1975 ; la Suisse envoyait plus d'aide au développement au Rwanda qu'à n'importe quel autre pays de la planète ; Washington, Bonn, Ottawa, Tokyo et le Vatican n'étaient pas en reste. Les collines du Rwanda grouillaient de jeunes Blancs qui travaillaient, bien qu'à leur corps défendant, à la plus grande gloire d'Habyarimana.

Puis, en 1986, les prix des principales exportations du pays, le café et le thé, s'effondrèrent sur les marchés mondiaux. Plus d'autre argent facile que la gratte sur les projets d'aide étrangère ; la concurrence devint donc féroce entre les Rwandais du Nord-Ouest, féaux du président. Dans les syndicats criminels comme la Mafia, on dit de celui qui s'investit à fond dans la logique et les pratiques du gang qu'il en est possédé. Cette notion fait partie intégrante des structures sociales, politiques et économiques traditionnelles du Rwanda, ces pyramides imbriquées de relations entre patrons et clients qu'aucun changement de régime ne modifie jamais. Chaque colline a son chef, chaque chef ses adjoints et ses sous-chefs ; une hiérarchie sans faille s'élève de la plus petite cellule sociale jusqu'à la plus haute autorité centrale. Mais si le mwami — ou aujourd'hui le président — possède fondamentalement le Rwanda, qui le possède, lui ? En contrôlant les entreprises parapubliques, l'appareil politique du MRND et l'armée, un quarteron de Hutu du Nord-Ouest avait fait de l'État rwandais une sorte d'instrument de leur volonté — et de plus en plus le président lui-même apparaissait davantage comme un produit du pouvoir régional que comme sa source.

À en croire la radio nationale et les journaux généralement bien timides du Rwanda, nul n'aurait imaginé qu'Habyarimana n'était pas le maître sans partage du pays. Mais tout le monde savait que le président était d'origine insignifiante, peut-être même le petit-fils d'un immigré zaïrois ou ougandais, tandis que sa femme, Agathe Kanzinga, s'enorgueillissait d'un bien plus haut lignage. Catholique très pratiquante, aimant à dépenser sans compter dans les magasins parisiens, Madame Agathe était le soutien effectif du trône ; c'étaient sa famille et ses alliés qui avaient fait bénéficier Habyarimana de leur prestige, qui avaient espionné, voire, parfois et dans le plus grand secret, tué pour lui. Aussi, lorsque le pays dut commencer à se serrer la ceinture à la fin des années quatre-vingt, ce fut le clan de Madame qui se tailla la part du lion dans le pillage de l'aide étrangère.

Mais il y a tant de choses à savoir pour vraiment comprendre le Rwanda… Permettez-moi cette brève digression.

À l'automne de 1980, la naturaliste Dian Fossey, qui avait passé les treize années précédentes à étudier les mœurs des gorilles de montagne dans le nord-ouest du Rwanda, fit retraite à l'université Cornell pour écrire un livre. En échange elle devait y donner un cours, et j'étais l'un de ses étudiants. Un jour, avant la classe, je la trouvai dans une de ses fameuses colères noires. Elle venait de surprendre sa femme de ménage en train d'ôter ses cheveux de son peigne — à elle, Fossey — et elle s'était fâchée, l'avait peut-être même mise à la porte. Elle ne laissait à personne d'autre qu'à elle-même, m'expliqua-t-elle, le soin de se débarrasser de ses cheveux ou, d'ailleurs, de ses rognures d'ongles. Le mieux, c'était de les brûler, à défaut de les jeter dans les toilettes. La femme de ménage était donc un prétexte, c'était contre elle-même que Fossey était furieuse. Laisser traîner ses cheveux ainsi était inconséquent : n'importe qui pouvait s'en emparer pour lui jeter un sort. (Je ne savais pas à l'époque que Fossey était surnommée « la sorcière » au Rwanda.) « Vous ne croyez tout de même pas à ces absurdités ? » lui dis-je. « Là où je vis, si je n'y croyais pas je serais morte », répliqua-t-elle.

Cinq années passèrent. J'appris par les journaux que Dian Fossey avait été assassinée au Rwanda, à coups de machette. Bien plus tard, un procès eut lieu au Rwanda, une ténébreuse affaire : un accusé rwandais fut retrouvé pendu dans sa cellule avant qu'il ait pu témoigner, et l'un des collaborateurs américains de Fossey fut jugé par contumace, déclaré coupable et condamné à mort. Mais si l'affaire était officiellement close, nombre de Rwandais disent encore que le véritable commanditaire de l'assassinat n'était autre qu'un cousin ou un parent par alliance d'Agathe Habyarimana, qui se livrait au trafic d'or et de drogues — ou peut-être au braconnage de gorilles — dans le parc national voisin du laboratoire de Fossey. Une histoire très louche.

Lorsque Odette me raconta son entretien avec le chef de la sécurité présidentielle à propos de démons, je pensai aussitôt à Fossey. Le pouvoir est une chose très complexe, et si les puissants croient aux démons il vaut sans doute mieux ne pas se moquer d'eux. Un attaché de presse des Nations unies au Rwanda me donna la photocopie d'un document qu'il avait trouvé dans les ruines de la maison d'Habyarimana après le génocide. (Parmi les possessions du président, les chasseurs de trophées trouvèrent également une version cinématographique du *Mein Kampf* de Hitler, avec une présentation hagiographique du Führer sur l'étui.) Il s'agissait d'une prophétie énoncée en 1987 par une visionnaire catholique surnommée « Petits Cailloux », qui prétendait être en communication directe avec Notre Sainte Mère la Vierge Marie, et annonçait prochainement la fin du monde au terme de diverses catastrophes. Le scénario de Petits Cailloux prévoyait un attentat communiste contre le Vatican, la guerre civile dans tous les pays du monde, une série d'explosions nucléaires, y compris celle d'un réacteur russe au pôle Nord qui provoquerait la formation d'un bouclier de glace dans la stratosphère, interceptant les rayons du soleil et provoquant la mort d'un quart de la population mondiale ; puis de terribles séismes feraient disparaître des nations entières, tandis que famines et épidémies anéantiraient la plupart de ceux qui étaient parvenus à survivre. Enfin, promettait Petits Cailloux, après une guerre nucléaire générale et trois journées de ténèbres, « Jésus-Christ reviendra sur la Terre le dimanche de Pâques 1992 ».

Habyarimana n'a peut-être jamais lu cette prophétie, mais on l'a retrouvée chez lui et elle correspond assurément aux idées qui fascinaient sa très puissante épouse. De même, dans les années quatre-vingt, la Vierge Marie apparut et s'adressa à plusieurs reprises à quelques habitants de la colline de Kibeho, dans le centre du Rwanda. Dans ce pays, le plus christianisé d'Afrique, où au moins soixante-cinq pour cent de la population étaient catholiques et quinze pour cent protestants, les visionnaires de Kibeho ne laissèrent pas de rencontrer un très large écho. La « commission scientifique d'enquête » nommée par l'Église catholique pour étudier le phénomène conclut que celui-ci était largement authentique. Kibeho devint une affaire considérable ; les pèlerins affluaient du monde entier et Agathe Habyarimana s'y rendait très souvent. Avec la bénédiction de l'évêque de Kigali, Mgr Vincent Nsengiyumva (également l'un des membres les plus fervents du comité central du MRND), Mme Agathe prit l'habitude de se faire accompagner dans ses voyages à l'étranger par plusieurs visionnaires de Kibeho. Parmi les multiples prédictions de la Vierge que rapportaient ces jeunes femmes, l'une d'elles, répétée à maintes reprises, fit très forte impression dans le pays : le Rwanda serait prochainement plongé dans un bain de sang. « Des messages annonçaient des malheurs pour le Rwanda », me confia ainsi Mgr Augustin Misago, l'un des membres de la commission catholique d'enquête sur Kibeho, « des visions de la Vierge en larmes, de gens qui tuaient avec des machettes, de collines jonchées de cadavres. »

Les Rwandais se décrivent volontiers comme extrêmement soupçonneux, et non sans raison. Où que vous alliez — chez des particuliers, dans un bar, une administration, un camp de réfugiés —, les boissons sont toujours servies dans des bouteilles bouchées, qui sont ouvertes en votre présence. La peur du poison est omniprésente. Il n'est pas question d'accepter une bouteille ouverte ou dont la capsule est manifestement descellée. Les verres sont tout aussi suspects. Lorsque, comme c'est généralement le cas de la bière de banane qu'affectionnent les paysans, le breuvage est servi dans une cruche, celui qui l'offre doit le boire le premier, à la manière du goûteur des cours médiévales, pour prouver qu'il ne présente aucun danger.

Les histoires d'empoisonnement, réelles ou supposées, sont un vieux leitmotiv au Rwanda. Marc Vincent, pédiatre belge qui travailla dans l'administration coloniale pendant les années cinquante, constata ainsi que pour les indigènes l'empoisonnement et la sorcellerie étaient à l'origine de toutes les maladies mortelles. Dans *L'Enfant au Ruanda-Urundi*, Vincent rapporte avoir entendu un garçon de dix ans très malade dire à son père : « Lorsque je serai mort, il faudra que tu découvres qui m'a empoisonné. » De même, un enfant de huit ans lui déclara : « Oui, la mort existe, mais ce n'est pas d'une mort ordinaire que meurent tous ceux qui meurent ici, c'est de sorcellerie. On risque de ramasser votre salive, si vous crachez par terre, ou la poussière sur laquelle vous avez marché. Mes parents m'ont dit de faire très attention. » Ce genre d'attitude, soulignait Vincent, se retrouve à tous les niveaux de la société : « Les indigènes voient des empoisonneurs partout. »

Aujourd'hui encore, *radio trottoir* — aussi bien d'ailleurs que les médias plus institutionnels — attribue volontiers les décès à des empoisonneurs invisibles. Faute de preuves, confirmant ou infirmant ces rumeurs, la peur omniprésente du poison prend une dimension métaphorique. Lorsque la mort est toujours l'œuvre d'ennemis, et que le pouvoir étatique croit agir de concert avec les forces occultes, la méfiance et le subterfuge deviennent des instruments de survie, et la politique même se transforme en poison.

Le pouvoir d'Habyarimana reposait donc sur celui de sa femme, et celle-ci s'attendait à une destruction totale. En connaissance de cause, estimaient les Rwandais. *Radio trottoir* surnommait Mme Agathe Kanjogera, nom de la cruelle reine mère du mwami Musinga, la Lady Macbeth de la légende rwandaise. Le clan de Madame était appelé l'*akazu*, la petite maison ; et l'*akazu* formait le noyau dur des réseaux concentriques de la puissance et du patronage politiques, économiques et militaires qu'incarnait le Pouvoir hutu. Lorsque le président bravait l'*akazu*, il se voyait vite rappeler à l'ordre. Un exemple : Habyarimana prit sous sa protection un certain colonel Stanislas Mayuya, extérieur à l'*akazu* ; il s'en enticha tant que l'un des chefs de l'*akazu* fit assassiner le nouveau favori. Et lorsque le tueur fut arrêté, il fut assassiné à son tour, ainsi que le procureur chargé de l'affaire.

Le meurtre de Mayuya eut lieu en avril 1988. La même année, le Fonds monétaire international et la Banque mondiale imposèrent au Rwanda un programme d'« ajustement structurel », qui contraignit le gouvernement à réduire presque de moitié son budget pour 1989. Parallèlement, les impôts et le travail forcé augmentèrent. Une mauvaise répartition des précipitations et une gestion défectueuse des ressources provoquèrent des famines dans certaines régions. Des scandales éclatèrent, mettant en cause la corruption du gouvernement, et plusieurs des censeurs d'Habyarimana furent victimes de prétendus accidents de voiture — renversés et écrasés. Pour tenter de rétablir la bonne image du Rwanda auprès des donneurs d'aide internationale, la police de Kigali lança une campagne d'arrestation des « prostituées », c'est-à-dire de toute femme s'étant attiré l'animosité des plus hautes autorités. Le ministère de l'Intérieur encouragea les militants catholiques à mettre à sac les magasins vendant des préservatifs. Les journalistes indépendants qui dénoncèrent ces méfaits furent jetés en prison, où les rejoignirent bientôt un certain nombre de chômeurs mécontents, à qui l'on rasa la tête en attendant de leur faire subir un programme de « rééducation ».

À mesure que se multipliaient les incidents de ce genre, de nouveaux fauteurs de troubles ne cessaient de surgir. Toutes sortes d'opposants hutu commencèrent à faire campagne auprès des gouvernements occidentaux dont l'aide économique finançait quelque soixante pour cent du budget national. Le moment était parfaitement choisi. Après la destruction du mur de Berlin, en novembre 1989 — date à laquelle Odette avait été licenciée de son poste à l'hôpital —, les pays d'Europe occidentale et d'Amérique du Nord, vainqueurs de la guerre froide, commencèrent à exiger de leurs protégés africains qu'ils entreprennent de démocratiser leurs institutions politiques. Il fallut exercer sur eux de fortes pressions. Ainsi, après une rencontre avec son principal soutien étranger, François Mitterrand, Habyarimana se résolut-il à annoncer, en juin 1990, que le temps était venu d'instituer le multipartisme au Rwanda.

Cette décision était si manifestement réticente, si clairement dictée par la coercition, qu'au lieu du soulagement et de l'enthousiasme, la perspective d'une course ouverte au pouvoir suscita une inquiétude générale au Rwanda. Nul n'ignorait que les Hutu du Nord-Ouest, dont le pouvoir dépendait du président et dont le pouvoir du président était de plus en plus tributaire, n'abdiqueraient pas volontiers leur mainmise. Alors qu'Habyarimana parlait publiquement d'ouverture politique, l'*akazu* resserrait son emprise sur l'appareil de l'État. Et à mesure que la menace du changement accentuait la répression, les principaux partisans de la réforme prenaient toujours plus nombreux le chemin de l'exil.

Tant et si bien que, le 1er octobre 1990, une armée rebelle, issue du Front patriotique rwandais, envahit le pays depuis l'Ouganda. Déclarant la guerre au régime d'Habyarimana, elle réclamait la fin de la tyrannie, de la corruption et de l'idéologie de l'exclusion « qui produit les réfugiés ».

Toute guerre est singulière. Et la riposte du Pouvoir hutu fut à cet égard typique. Seule une cinquantaine d'hommes du FPR avait initialement franchi la frontière, et s'ils furent bientôt plusieurs centaines à les rejoindre, le front se réduisait en fait à une petite portion de parc national dans le nord-est du Rwanda.

Pourtant, pendant la nuit du 4 octobre — trois jours après l'« invasion » —, de nombreux tirs se firent entendre à Kigali et aux alentours. Le lendemain matin, le gouvernement annonça qu'il avait repoussé une attaque contre la capitale. C'était un mensonge. Il n'y avait pas eu la moindre bataille. Il s'agissait simplement d'une mise en scène visant à exagérer les dangers courus par le Rwanda et à faire croire que des complices des rebelles s'étaient infiltrés jusqu'au cœur du pays.

L'invasion du FPR offrit à l'oligarchie d'Habyarimana sa meilleure arme contre le pluralisme : le spectre unificateur d'un ennemi commun. Dans la plus pure logique de l'idéologie nationale — confondant l'identité avec la politique et la politique avec l'identité —, tous les Tutsi furent considérés comme « complices » du FPR, et les Hutu qui ne souscrivaient pas à cette conception décrétés traîtres tutsilâtres. S'il se souciait peu d'une guerre frontalière, l'entourage du président se réjouissait de troubles nationaux qui lui donnaient un prétexte pour rafler les « ennemis intérieurs ». Des listes avaient déjà été établies : il s'agissait d'arrêter pour commencer les Tutsi instruits, les Tutsi prospères, et ceux qui voyageaient à l'étranger, ainsi que les Hutu importants qui, pour une raison ou pour une autre, passaient pour être en désaccord avec le régime.

Le mari d'Odette, Jean-Baptiste, reçut la visite d'un émissaire présidentiel qui lui dit : « Nous savons que vous êtes hutu, mais vous êtes très proche de ces Tutsi à cause de votre femme. Si vous aimez votre famille, dites à ces Tutsi d'écrire une lettre au président, dans laquelle ils confesseront leurs actes de trahison avec le FPR. » Et l'homme dicta une lettre type. Jean-Baptiste répondit que ses amis n'avaient rien à voir avec le FPR, ce qui était la pure vérité. Avant l'attaque, pratiquement personne en dehors de ses membres n'en connaissait l'existence. Mais Habyarimana répétait depuis longtemps que les Rwandais appartenant à l'armée ougandaise complotaient contre lui, et, de fait, l'invasion du FPR s'était accompagnée de désertions massives dans les rangs ougandais. Pour Habyarimana et son entourage, c'était la preuve que tous ceux qu'ils soupçonnaient étaient, *ipso facto*, des agents ennemis.

Jean-Baptiste assura à son interlocuteur qu'il n'avait aucun contact avec les exilés. Par bonheur il ne fut pas inquiété par la suite, alors que près de dix mille personnes furent arrêtées en octobre et novembre 1990. Non sans de nombreuses méprises. Par exemple, les hommes envoyés à l'hôpital pour arrêter Odette s'emparèrent d'une autre personne : « On m'avait réintégrée à mon poste, m'expliqua Odette, et j'avais une collègue qui avait le même prénom que moi. Elle était hutue et beaucoup plus grande que moi, mais elle eut beau protester que c'était une erreur, ils lui répondirent : "Il n'y a qu'un médecin tutsi qui s'appelle Odette." Elle fut donc jetée en prison et torturée. Et en 1994, elle fut de nouveau prise pour une Tutsi et assassinée. »

La fausse attaque de Kigali et les arrestations massives démentaient les appels au calme lancés par le gouvernement au début du conflit. Puis le 11 octobre, dix jours exactement après l'invasion du FPR, dans le village de Kibilira, dans la province de Gisenyi, les autorités locales expliquèrent aux Hutu que leur tâche communautaire du mois consisterait à combattre leurs voisins tutsi, avec qui ils vivaient en paix depuis une quinzaine d'années au moins. Les Hutu se mirent au travail en chantant et en jouant du tam-tam, et le massacre dura trois jours : quelque trois cent cinquante Tutsi périrent et trois mille s'enfuirent de chez eux. Les Rwandais dont les souvenirs ne remontent pas aussi loin que ceux d'Odette considèrent que le massacre de Kibilira marqua le début du génocide.

7

En 1987, un journal baptisé *Kanguka* — « Réveillez-vous » — fit son apparition au Rwanda. Dirigé par un Hutu du Sud et financé par un important homme d'affaires tutsi, il ne ménageait pas ses critiques au régime d'Habyarimana. Autre originalité, il analysait la vie rwandaise en fonction de conflits économiques plutôt qu'ethniques. En dépit d'un harcèlement constant, *Kanguka* reçut un accueil si enthousiaste du maigre public choisi qui était capable de le lire qu'au début de 1990 Agathe Habyarimana réunit secrètement plusieurs chefs de l'*akazu* pour mettre sur pied une publication rivale. S'ils ne connaissaient rien à la presse, c'étaient de fins connaisseurs des faiblesses humaines — en particulier la vanité et la vénalité —, et ils choisirent pour rédacteur en chef un menu brasseur d'affaires sachant admirablement se faire valoir, un certain Hassan Ngeze, ancien receveur de bus qui avait monté un petit commerce où il débitait journaux et boissons auprès d'une station-service du Gisenyi. Depuis ce carrefour privilégié, il s'était improvisé correspondant/homme-de-la-rue pour *Kanguka*.

Le journal que créa Ngeze, *Kangura* — « Réveillez-le » —, se proclamait « la voix qui cherche à réveiller et à guider le peuple majoritaire ». Sa présentation — exactement le même format que *Kanguka* — et son titre visaient à abuser le lecteur, imposture encore facilitée par le fait qu'au moment où parurent les premières livraisons de *Kangura*, le gouvernement saisit plusieurs numéros de *Kanguka*. Mais le ton irrévérencieux du nouveau journal évoquait un peu trop son rival au goût de l'*akazu*, outre que ses commanditaires s'irritèrent de voir Ngeze consacrer de nombreuses pages à des « articles-photos » dans lesquels il exaltait ses propres mérites. En juillet 1990, lorsque la police d'Habyarimana arrêta le directeur de *Kanguka* pour haute trahison, elle affecta l'équité en incarcérant simultanément Hassan Ngeze, accusé d'avoir troublé l'ordre public. La manœuvre réussit à plusieurs niveaux. Les organisations occidentales de défense des droits de l'homme comme Amnesty International lancèrent des appels réclamant conjointement la libération des deux directeurs, dotant ainsi Ngeze d'une aura de victime du pouvoir, alors qu'il était en réalité un propagandiste du régime qui avait déçu ses protecteurs. Ce séjour en prison fit en tout cas comprendre à Ngeze qu'il avait intérêt à se montrer plus docile ; cet ambitieux s'empressa donc de tirer la leçon de sa mésaventure.

En octobre 1990, alors que les geôles rwandaises regorgeaient de prétendus « complices » du FPR, Ngeze fut libéré pour relancer *Kangura* (le directeur de *Kanguka* restant commodément emprisonné). Dans ce contexte de guerre, Ngeze sut maintenir un subtil équilibre entre son personnage de harceleur du régime, accrédité par son séjour derrière les barreaux, et son rôle secret de prête-nom de l'*akazu*. Par exemple, s'il pressait les Hutu de s'unir derrière le président dans la lutte contre la menace tutsie, il reprochait à Habyarimana de ne pas mener ce combat avec suffisamment de vigilance. Alors que les responsables politiques, par crainte des réactions internationales, n'osaient pas parler publiquement de conflit ethnique, Ngeze publiait de prétendus documents du FPR qui « prouvaient » que le mouvement rebelle procédait d'une ancienne conspiration visant à la suprématie des Tutsi par l'asservissement des Hutu. Il dressait des listes de personnalités tutsies et de leurs complices hutu ayant « infiltré » les institutions publiques ; il reprochait au gouvernement de trahir la révolution et réclamait une rigoureuse campagne d'« autodéfense » nationale pour sauvegarder les « acquis » de 1959 et de 1973. Ce faisant, ses frais de publication étaient payés par le gouvernement, et il distribuait la plus grande partie de chaque tirage aux maires du Rwanda pour qu'ils distribuent gratuitement son journal.

Nombreux furent les nouveaux périodiques qui apparurent au Rwanda dans les années quatre-vingt-dix — tous sauf *Kangura* exprimaient une relative modération et tous sauf *Kangura* sont aujourd'hui largement oubliés. Plus que personne d'autre, Hassan Ngeze, le chantre populiste de la suprématie hutue, tiré de l'obscurité par la femme du président pour jouer le bouffon du roi, rédigeait le scénario de la croisade hutue à venir. Nul ne saurait contester son talent de commis voyageur de la peur. Lorsqu'un autre journal publia une caricature représentant Ngeze sur un divan en train d'être psychanalysé par « la presse démocratique », avec cette légende :

> Ngeze : Je vais très mal, docteur !
> Le médecin : Qu'est-ce qui ne va pas ?
> Ngeze : Les Tutsi… Les Tutsi… Les Tutsi !! !! !! !

Ngeze la reprit à son compte et la reproduisit dans *Kangura*. C'était l'un de ces êtres destructeurs qui se font une arme de tout ce qu'on leur lance. Drôle et intrépide, dans l'une des sociétés les plus refoulées de la terre il offrait l'exemple libérateur d'un homme qui semblait ne connaître aucun tabou. Comme théoricien raciste, auprès de Ngeze, John Hanning Speke apparaissait comme l'amateur qu'il était. Archétype ostensible du *génocidaire* hutu, Ngeze ne compta bientôt plus les imitateurs et les disciples.

Bien qu'il fût membre pratiquant de la petite communauté musulmane du Rwanda — la seule communauté religieuse, selon un dignitaire catholique, « qui apparemment se comporta très bien et, en tant que groupe, ne participa pas activement au génocide, cherchant même à sauver les musulmans tutsi » —, la véritable religion de Ngeze était l'« identité hutue ». « Les Dix Commandements hutu », son article le plus célèbre, publié en décembre 1990, proclamait le credo de cette foi nouvellement cristallisée. En quelques touches fulgurantes, il revivifiait, révisait et réconciliait le mythe hamitique et la rhétorique de la révolution hutue pour énoncer une doctrine de la pureté militante hutue. Les trois premiers commandements dénonçaient la conception bien ancrée, constamment renforcée par les Blancs de passage et par les Hutu haut placés, selon laquelle les femmes tutsies sont plus belles que leurs sœurs hutues. Selon les protocoles de Ngeze, toutes les femmes tutsies étaient des agents tutsi ; les Hutu qui épousaient, fréquentaient ou employaient une Tutsi « comme secrétaire ou concubine » devaient être considérés comme des traîtres, tandis que les femmes hutues se voyaient exhorter à lutter contre les inclinations des hommes hutu pour leurs rivales tutsies. Après la sexualité, Ngeze se prononçait ensuite sur les questions financières et commerciales : tout Tutsi était par définition malhonnête — « son seul but est la suprématie de son groupe ethnique » — et tout Hutu ayant des relations d'affaires avec des Tutsi était un ennemi de son peuple. De même dans la vie publique : les Hutu devaient s'arroger « toutes les positions stratégiques, politiques, administratives, économiques, militaires et policières ». Ils étaient en outre invités à cultiver « l'unité et la solidarité » contre « leur ennemi tutsi commun », à étudier et propager « l'idéologie hutue » de la révolution de 1959, et à considérer comme traître tout Hutu qui « persécute son frère hutu » parce qu'il étudie et propage ces idées.

Largement distribués, « Les Dix Commandements hutu » jouirent bientôt d'une immense popularité. Le président Habyarimana encouragea leur publication qui illustrait, dit-il, « la liberté de la presse » au Rwanda. Dans tout le pays, les dirigeants hutu de leur donner vigueur de loi et de les déclamer lors de réunions publiques. Le message n'avait rien de bien neuf, mais ses accents de guerre sainte et ses mises en garde implacables aux Hutu égarés firent comprendre même aux paysans les plus frustes qu'un pas nouveau avait été franchi. Le plus fréquemment cité de ces commandements, le huitième, ne déclarait-il pas : « Les Hutu doivent cesser d'avoir pitié des Tutsi » ?

En décembre 1990, outre la proclamation de ses « Dix Commandements hutu », Hassan Ngeze rendit hommage au président François Mitterrand en publiant un portrait de lui sur une page entière de *Kangura* avec cette légende : « C'est dans le besoin que l'on reconnaît ses vrais amis. » Hommage bien mérité : aux côtés des Forces armées rwandaises (FAR) d'Habyarimana, des centaines de parachutistes français superbement équipés avaient effectivement empêché le FPR d'avancer d'un pas depuis sa première incursion dans le Nord-Est. Sans doute la Belgique et le Zaïre avaient-ils également envoyé des troupes pour appuyer les FAR, mais les Zaïrois étaient tellement portés sur la boisson, le pillage et le viol que le Rwanda les supplia bientôt de rentrer chez eux, tandis que les Belges se retiraient de leur propre chef. Seuls demeurèrent les Français, et avec une telle efficacité que dès la fin du premier mois du conflit Habyarimana annonça la défaite du FPR. En réalité, les forces rebelles malmenées avaient simplement abandonné les prairies dégagées du Nord-Est pour établir une nouvelle base sur les pentes déchiquetées et pluvieuses des volcans de Virunga. Là — transies, trempées et mal ravitaillées — les troupes du FPR subirent plus de pertes à cause de la pneumonie qu'au cours des combats. De nouvelles recrues ne cessaient néanmoins de les rejoindre, que l'entraînement transformait en une armée de guérilleros redoutables, et remarquablement disciplinés, qui, sans l'appui de la France, aurait sans doute rapidement réduit Habyarimana à la négociation ou à la défaite.

L'accord de coopération militaire conclu en 1975 entre la France et le Rwanda excluait expressément la participation des troupes françaises au combat, à l'entraînement au combat et aux opérations de police. Mais Habyarimana avait séduit le président Mitterrand, ainsi que son fils, Jean-Christophe, pendant quelque temps membre de la cellule africaine de l'Élysée. Depuis décembre 2000, le fils de l'ancien Président est inquiété dans le cadre d'une enquête sur un marché illégal d'armes entre la France et l'Angola. (La guerre traînant en longueur et les dépenses militaires épuisant le Trésor, des officiers de l'armée rwandaise organisèrent des plantations de marijuana ; se développa bientôt dans le pays un trafic illégal de drogue dont, assurent des rumeurs persistantes, certains dignitaires français auraient largement profité.) La France acheminait d'énormes quantités d'armes au Rwanda — y compris durant les massacres de 1994 —, et pendant tout le début des années quatre-vingt-dix des officiers et des soldats français assistèrent les Rwandais, dirigeant toutes sortes d'opérations, du contrôle du trafic aérien aux combats en première ligne, en passant par l'interrogatoire des prisonniers du FPR.

En janvier 1991, quand le FPR s'empara de la ville clé de Ruhengeri, dans le nord-ouest du pays, fief du Président, les soldats gouvernementaux appuyés par des parachutistes français chassèrent les rebelles en vingt-quatre heures. Quelques mois après, lorsque l'ambassadeur des États-Unis suggéra que le gouvernement d'Habyarimana devrait abolir les cartes d'identité ethnique, son homologue français s'empressa d'étouffer l'initiative. Paris considérait l'Afrique francophone comme « chez nous », un quasi-prolongement de la métropole ; et le fait que le FPR était issu de l'Ouganda anglophone ne laissait pas d'aviver la vieille phobie tribale française d'une menace anglo-saxonne. Ainsi couverts, Habyarimana et sa clique pouvaient ignorer le FPR pendant de longues périodes pour se concentrer tout à loisir sur leur campagne contre un « ennemi intérieur » désarmé.

En janvier 1991, quelques jours après la fugitive occupation de Ruhengeri par le FPR, les FAR d'Habyarimana lancèrent une pseudo-attaque contre l'un de leurs propres camps militaires du Nord-Ouest. Le raid fut imputé au FPR et, en représailles, un maire de la région organisa des massacres de Bagogwe, groupe tutsi semi-nomade qui subsistait alentour dans des conditions de misère extrême ; le maire fit enterrer dans sa propre cour les premières dizaines de victimes. D'autres tueries s'ensuivirent, et à la fin de mars c'est par centaines que se comptaient les Tutsi exterminés dans le Nord-Ouest.

« Nous étions vraiment terrorisés pendant cette période, se rappelait Odette. Nous croyions que nous allions tous nous faire massacrer. » Si en 1989, quand elle avait été renvoyée de l'hôpital, Odette s'était exaspérée de la vitesse à laquelle des gens qu'elle prenait pour des amis s'étaient éloignés d'elle, un an après, cette époque lui apparaissait comme le bon vieux temps. De même que tant d'autres Tutsi du Rwanda, elle avait d'abord réagi avec indignation à l'invasion des rebelles exilés qui mettait en danger ceux qui étaient restés au pays. « Nous avions toujours cru que les gens de l'extérieur étaient bien installés et vivaient mieux que nous. Nous avions fini par trouver notre situation normale. Je disais à mes cousins en exil : "Pourquoi revenir ? Restez là-bas, vous y êtes bien mieux." Et ils me répondaient : "Odette, même toi tu adoptes le discours d'Habyarimana." Le FPR a dû nous faire prendre conscience qu'ils souffraient en exil, et c'est alors que nous avons commencé à nous rendre compte que nous ne pensions jamais aux exilés. Quatre-vingt-dix-neuf pour cent des Tutsi n'imaginaient pas que le FPR attaquerait. Mais ensuite nous nous sommes mis à en parler, à comprendre que c'étaient nos frères qui arrivaient et que les Hutu avec qui nous vivions ne nous considéraient pas comme des égaux. Ils nous rejetaient. »

Odette et son mari, Jean-Baptiste, rendaient parfois visite à des femmes de Tutsi emprisonnés ; Jean-Baptiste reçut alors ce conseil du secrétaire général des

Renseignements, qu'il considérait comme un bon ami : « Si tu veux mourir, continue d'aller voir ces gens-là. »

Ceux qui étaient en prison, comme Bonaventure Nyibizi, qui travaillait à la mission de Kigali de l'Agence américaine pour le développement international (United States Agency for International Development — USAID), attendaient la mort d'un instant à l'autre : « Ils tuaient des prisonniers toutes les nuits, et le 26 octobre mon tour est arrivé. Mais j'avais des cigarettes. Un type est entré et m'a dit : "Je vais te tuer." Je lui ai donné une cigarette, et il m'a dit : "On tue pour rien, alors je ne vais pas te tuer ce soir." Les gens mouraient tous les jours sous la torture. On les emmenait et quand ils revenaient, ils avaient été battus, percés de coups de baïonnette, et ils mouraient. J'ai dormi plusieurs nuits à côté de morts. Je crois que le plan initial était de tuer tout le monde en prison, mais la Croix-Rouge a commencé à enregistrer les prisonniers, c'est donc devenu difficile. Le régime voulait conserver une bonne image internationale. »

L'un des meilleurs amis en prison de Bonaventure était un homme d'affaires appelé Froduald Karamira. Tous deux étaient originaires de Gitarama, dans le Sud, et tous deux nés tutsi. Mais Karamira avait fait dans sa jeunesse l'acquisition de papiers d'identité hutu, avec tous les avantages afférents. En 1973, alors que Bonaventure était chassé de l'école parce qu'il était tutsi, Karamira, qui fréquentait le même séminaire, n'eut aucun ennui. « Mais, expliqua Bonaventure, le gouvernement d'Habyarimana n'aimait pas les Hutu de Gitarama, et comme Karamira était riche, ils l'ont arrêté. Il était très gentil en prison, il s'efforçait toujours de dépanner les gens, il achetait des cigarettes, un endroit où dormir, des couvertures. Il est sorti de prison avant moi et il est aussitôt allé voir ma femme qui était enceinte de notre premier enfant. Après mars 1991, quand le gouvernement nous a tous libérés, je l'ai vu plusieurs fois. Il venait chez moi ou à mon bureau. Puis du jour au lendemain » — Bonaventure claqua des doigts — « il a complètement changé. Nous ne pouvions plus parler parce que j'étais tutsi. C'est arrivé avec tant de gens. Ils changeaient si rapidement qu'on se demandait : "Est-ce la même personne ?" »

Le multipartisme s'instaura au Rwanda pendant l'été de 1991. Un tel saut du totalitarisme au marché libre de la politique ne peut être que tumultueux, même s'il a été décidé par des dirigeants sincères et bien intentionnés, *a fortiori* au Rwanda où cette ouverture était manifestement mensongère. La plupart de la douzaine de partis qui commencèrent soudain à se disputer les suffrages de la population n'étaient que des marionnettes du MRND, créées par Habyarimana et l'*akazu* pour semer la confusion et faire du pluralisme une pure parodie. Un seul des partis d'opposition authentiques comptait un nombre important d'adhérents tutsi, tandis que le reste se divisait entre réformateurs véritables et extrémistes hutu, qui transformèrent rapidement le « débat démocratique » en une simple question d'autodéfense hutue : « nous » contre « eux », nous tous contre eux tous. Quiconque osait proposer une vision différente était considéré comme un ennemi et devait s'attendre à en assumer les conséquences. Et ce fut Froduald Karamira, nouveau converti à l'hégémonie hutue, qui formula ce dilemme radical et fut à l'origine du discours idéologique cacophonique qui prit le nom fanatique de Pouvoir hutu.

« Je ne sais pas exactement ce qui s'est passé, me dit Bonaventure. On raconte qu'Habyarimana lui a donné des dizaines de millions pour tourner casaque, et ce qu'il y a de certain, c'est qu'il est devenu président de l'ÉlectroGaz [le monopole public de l'énergie]. Tout ce que je sais, c'est qu'il est devenu l'un des principaux extrémistes, ce qu'il n'était pas du tout auparavant. Tant de choses ont changé si soudainement, et il était difficile de comprendre, difficile de croire la véritable portée de ce qui se passait. »

Un jour de janvier 1992, des soldats se présentèrent au domicile de Bonaventure, alors que sa femme et lui étaient absents. « Ils ont brisé les portes. Ils ont tout pris, ont ligoté les domestiques et donné des grenades à mon fils de neuf mois. Pendant trois heures, il a joué avec les grenades dans le salon. Heureusement quelqu'un est arrivé et mon fils a eu la chance d'échapper à la mort. »

Ainsi se dégrada la situation — une attaque par-ci, un massacre par-là — à mesure que les extrémistes hutu de mieux en mieux organisés entassaient des armes, recrutaient et préparaient de jeunes miliciens à la « défense civile ». La plus importante de ces milices rassemblait les *interahamwe* — « ceux qui attaquent ensemble » —, issus des clubs de supporters de football parrainés par le MRND et l'*akazu.* Ce n'étaient pas les candidats qui manquaient : la crise économique de la fin des années quatre-vingt avait réduit au chômage des dizaines de milliers de jeunes, sans la moindre perspective d'avenir, qui traînaient dans les villes et les villages en remâchant leurs rancœurs. Les *interahamwe*, et les divers groupes imitateurs qu'ils finirent par absorber, présentaient le génocide comme un gigantesque carnaval. Les jeunes dirigeants du Pouvoir hutu, caracolant à moto, arborant coiffures pop, lunettes noires et tenues flamboyantes, prêchaient la solidarité ethnique et l'autodéfense civile sous des bannières géantes frappées du portrait d'Habyarimana, au cours de rassemblements toujours plus populeux, où l'alcool coulait généralement à flots, tandis que les participants enchaînaient les exercices paramilitaires comme autant de figures de la dernière danse à la mode. Le président et sa femme venaient souvent se faire acclamer lors de ces meetings. En comité plus restreint, les membres des *interahamwe* s'organisaient entre-temps en petits groupes locaux, dressaient des listes de Tutsi et effectuaient des retraites pendant lesquelles ils s'entraînaient à brûler des maisons, lancer des grenades et taillader des mannequins à la machette.

Les *interahamwe* passèrent pour la première fois du jeu au travail en mars 1992, lorsque Radio Rwanda, organisme public, annonça la « découverte » d'un plan tutsi visant à massacrer les Hutu. C'était de la pure cessez-le-feu

désinformation, mais, invoquant l'« autodéfense » préventive, des miliciens et des villageois de la région de Bugesera, au sud de Kigali, exterminèrent trois cents Tutsi en trois jours. Des tueries semblables se déclenchèrent au Gisenyi, puis en août, peu après qu'Habyarimana — sous la vigoureuse pression des pays donneurs d'aide — eut signé un cessez-le-feu avec le FPR, des Tutsi furent massacrés au Kibuye. En octobre le cessez-le-feu fut complété par un accord prévoyant la constitution d'un gouvernement de transition avec la participation du FPR ; une semaine après, Habyarimana proclamait dans un discours que la trêve n'était « qu'un chiffon de papier ».

Les subsides continuaient néanmoins d'affluer dans les coffres d'Habyarimana, et les armes d'arriver — de France, d'Égypte, de l'Afrique du Sud de l'apartheid. Parfois, lorsque les pays donateurs s'inquiétaient des massacres de Tutsi, il y avait des arrestations, mais les suspects étaient vite relâchés ; personne n'était traduit devant les tribunaux, encore moins poursuivi pour meurtre. Pour apaiser l'étranger, le gouvernement présentait les massacres comme « spontanés », actes « populaires » de « colère » ou d'« autodéfense ». Les villageois savaient mieux à quoi s'en tenir : les tueries étaient invariablement précédées de meetings de « prise de conscience » politique, au cours desquels des dirigeants locaux, généralement flanqués d'un haut responsable provincial ou national, dépeignaient les Tutsi comme des démons — avec cornes, sabots fourchus, queue, et le reste — et donnaient l'ordre de les exterminer, « travail forcé », selon le vieux jargon révolutionnaire. Les autorités locales ne manquaient pas de profiter des massacres, s'emparant des terres et possessions des Tutsi assassinés, et bénéficiant même de promotions quand elles se montraient particulièrement enthousiastes. Quant aux tueurs du rang, ils se partageaient généralement le menu butin.

Rétrospectivement, les massacres du début des années quatre-vingt-dix apparaissent comme une répétition générale de ce que les chantres de la suprématie hutue appelèrent eux-mêmes la « solution finale » en 1994. Pourtant cette horreur n'avait rien d'inévitable. Avec l'avènement du multipartisme, Habyarimana avait dû consentir, sous la pression populaire, d'importantes concessions aux opposants réformateurs. L'entourage extrémiste du président se vit donc contraint de recourir à la violence pour empêcher le Rwanda de glisser vers la modération. Non contents de financer et de superviser les *interahamwe*, certains membres de l'*akazu* créèrent leurs propres escadrons de la mort, comme le Réseau Zéro ou le Groupe Balles. Les trois frères de Mme Habyarimana, ainsi qu'un bataillon de colonels et de Hutu du Nord-Ouest, parrains de la mafia des affaires, furent les premiers à constituer ces commandos, qui entrèrent pour la première fois en action aux côtés des *interahamwe* pendant le massacre de Bugesera, en mars 1992. Autre innovation, capitale celle-ci, la radio nationale avait cette fois préparé le terrain en aggravant le message déjà suggestif de « nous contre eux » en cet impératif catégorique : tuer ou être tué.

Le génocide, après tout, vise à souder une communauté. Un ordre totalitaire vigoureux exige que le peuple s'investisse dans le projet des chefs, et si le génocide est peut-être le moyen le plus pervers et le plus ambitieux d'y parvenir, c'est aussi le plus absolu. En 1994, le Rwanda passait dans le monde entier ou presque pour l'exemple typique du chaos et de l'anarchie résultant de l'effondrement de l'État. Pas du tout. Le génocide fut le produit de l'ordre, de l'autoritarisme, de décennies de théorisation et d'endoctrinement politiques modernes, et de l'un des États les plus méticuleusement administrés de l'histoire. Et, si curieux que cela puisse paraître, l'idéologie — ou ce que les Rwandais appellent « la logique » — du génocide ambitionnait, non de créer des souffrances, mais de les guérir. Le spectre d'une menace absolue qu'il faut impérativement abolir unit le chef et son peuple en une étreinte utopiste sans faille, et l'individu — toujours importun pour la totalité — cesse alors d'exister.

Sans doute la majorité des participants aux massacres à répétition du début des années quatre-vingt-dix prirent-ils peu de plaisir à exterminer docilement leurs voisins, mais bien peu refusèrent de le faire et la résistance active fut extrêmement rare. Tuer les Tutsi était une tradition politique dans le Rwanda postcolonial, un moyen d'unir la population.

C'est devenu un lieu commun, ces cinquante dernières années, de dire que l'extermination industrialisée de l'Holocauste remet en question la notion du progrès humain, puisque l'art et la science peuvent déboucher directement sur les fameuses portes — frappées de la phrase « Le Travail rend libre » — d'Auschwitz. Sans toute cette technologie, dit-on, les Allemands n'auraient pas pu tuer autant de Juifs. Et pourtant ce furent des Allemands, et non des machines, qui perpétrèrent le massacre. Les chefs du Pouvoir hutu comprenaient cela parfaitement. Si l'on pouvait mobiliser tous les gens capables de manier une machette, le sous-développement technique ne faisait nullement obstacle au génocide. Le peuple, c'est-à-dire tout le monde, était l'arme : la population hutue tout entière devait tuer l'intégralité des Tutsi. Outre ses avantages numériques évidents, ce dispositif éliminait toute question de responsabilité susceptible de se poser par la suite. Si tout le monde est impliqué, il n'y a plus d'implication. Implication dans quoi ? Le Hutu se posant ce genre de question ne pouvait être qu'un complice de l'ennemi.

« Nous le peuple, nous sommes obligés d'assumer nous-mêmes la responsabilité de liquider cette racaille », expliquait Léon Mugesera en novembre 1992, dans ce même discours où il exhortait les Hutu à renvoyer les Tutsi en Éthiopie par la rivière Nyabarongo. Mugesera était médecin, vice-président du MRND, ami intime et conseiller d'Habyarimana. Sa voix était la voix du pouvoir, et la plupart des Rwandais sont encore capables de citer très précisément son célèbre discours ; les membres de l'*interahamwe* en récitaient volontiers leurs phrases préférées en partant au carnage. La loi, proclamait Mugesera, stipulait la mort pour les « complices » des « cafards » : « Qu'attendons-nous pour exécuter la sentence ? » demandait-il. Les membres des partis d'opposition « n'ont aucun droit à vivre parmi nous », et, en tant que dirigeant du « Parti », il avait le devoir de sonner l'alarme et d'engager le peuple à « se défendre ». Quant aux « cafards », « Qu'attendons-nous pour décimer ces familles ? » Et d'inviter ceux qui s'étaient enrichis sous Habyarimana à « financer des opérations pour éliminer ces gens ». Ç'avait été une terrible erreur de laisser survivre des Tutsi en 1959. « Détruisez-les ! Quoi que vous fassiez, ne les laissez pas s'en tirer. Souvenez-vous que la personne à qui vous sauverez la vie ne sauvera certainement pas la vôtre. » Et il concluait par ces mots : « Chassez-les ! Vive le président Habyarimana ! »

Mugesera invoquait la loi ; mais il se trouvait que le ministre de la Justice de l'époque, Stanislas Mbonampeka, voyait les choses autrement. Riche Hutu du Nord-Ouest, possédant la moitié des parts d'une usine de papier hygiénique, Mbonampeka était aussi un opposant, un juriste et un partisan des droits de l'homme, un dirigeant du Parti libéral, la seule formation d'opposition regroupant un nombre important de Tutsi. Il étudia le discours de Mugesera et lança contre lui un mandat d'arrêt pour incitation à la haine. Mugesera n'alla naturellement pas en prison — il se réfugia auprès de l'armée, puis émigra au Canada —, et Mbonampeka ne tarda pas à être limogé de son poste de ministre de la Justice. Au début de 1993, tous les nouveaux partis rwandais d'opposition s'étaient divisés en deux factions — pour ou contre le Pouvoir hutu — et Mbonampeka, sentant le vent tourner, choisit son camp. Bientôt on l'entendit lancer des mises en garde au FPR sur Radio Rwanda : « Arrêtez cette guerre, si vous ne voulez pas que vos partisans vivant au Rwanda soient exterminés. »

Pendant l'été de 1995, j'ai retrouvé Mbonampeka, installé dans une petite chambre sinistre de l'hôtellerie protestante de Goma, au Zaïre, à environ un kilomètre et demi de la frontière avec le Rwanda. « Dans une guerre, me dit-il, on ne peut pas être neutre. Si vous n'êtes pas pour votre pays, n'êtes-vous pas pour ses agresseurs ? » Solide et posé, lunettes cerclées d'or, pantalon impeccablement repassé et chemise à rayures roses et blanches, Mbonampeka se parait du titre absurde de ministre de la Justice dans le gouvernement rwandais en exil — organe autoproclamé, composé essentiellement d'officiers du régime qui avait orchestré le génocide. Sans doute Mbonampeka ne faisait-il pas partie du gouvernement de 1994, mais il s'était mis officieusement à son service, plaidant la cause du Pouvoir hutu tant au Rwanda qu'en Europe, et il considérait cela comme un prolongement normal de sa carrière.

«J'ai dit qu'il fallait arrêter Mugesera parce qu'il dressait les gens les uns contre les autres, ce qui est illégal, et j'ai dit aussi que si le FPR continuait à se battre nous devions organiser l'autodéfense civile. Ces positions sont conséquentes. Dans les deux cas, j'étais pour la défense de mon pays. Personnellement, je ne crois pas au génocide. Ce n'était pas une guerre classique. L'ennemi était partout. Les Tutsi n'ont pas été tués en tant que tels, mais seulement comme sympathisants du FPR. »

Avait-il été difficile de distinguer des autres les Tutsi sympathisants du FPR ? Pas du tout, me répondit Mbonampeka. « Il n'y avait pas de différence entre l'ethnique et le politique. Quatre-vingt-dix-neuf pour cent des Tutsi étaient pro-FPR. »

Même les grand-mères séniles et les nouveau-nés ? Même les fœtus arrachés du ventre des Tutsi, après que la radio eut rappelé à ses auditeurs de ne pas oublier d'éventrer les victimes enceintes ?

« Il faut bien voir les choses, répondit Mbonampeka. Disons que les Allemands attaquent la France ; les Français vont se défendre contre l'Allemagne. Ils comprennent que tous les Allemands sont l'ennemi. Les Allemands tuent les femmes et les enfants, alors vous en faites autant. »

En considérant le génocide — bien qu'il en niât l'existence — comme un prolongement de la guerre entre le FPR et le régime d'Habyarimana, Mbonampeka semblait dire que l'extermination systématique d'un peuple entier organisée par l'État est un crime provoqué — la faute des victimes aussi bien que celle des auteurs. Mais si le génocide coïncida avec la guerre, son organisation et sa réalisation furent tout à fait distinctes du conflit. En fait, la campagne de mobilisation pour l'extermination finale ne prit vraiment toute son ampleur que lorsque le Pouvoir hutu dut affronter la menace de la paix.

Paix avec FPR

Le 4 août 1993, à Arusha, en Tanzanie, le président Habyarimana signait avec le FPR un accord de paix qui mettait officiellement fin à la guerre : les réfugiés pourraient librement rentrer au Rwanda, les deux armées belligérantes se fondraient en une seule force de défense nationale, et serait constitué un gouvernement de transition aux larges bases, composé de représentants de tous les partis politiques nationaux, y compris le FPR. Habyarimana resterait président, en attendant des élections, mais ses fonctions seraient largement protocolaires. Enfin et surtout, pendant la période transitoire les Nations unies déploieraient une force de maintien de la paix au Rwanda.

Le FPR n'avait jamais vraiment espéré gagner sa guerre sur le champ de bataille ; il entendait imposer un règlement politique, et c'était ce qu'il semblait avoir obtenu à Arusha. « Vous utilisez la guerre quand il n'y a aucun autre moyen, et Arusha nous a ouvert la possibilité de venir lutter politiquement, me dit Tito Ruteremara, l'un des chefs du FPR qui négocia les accords. Avec Arusha, nous pouvions entrer au Rwanda, et si nous avions de bonnes idées et une excellente organisation, nous réussirions. Si nous échouions, cela voudrait dire que nos idées n'étaient pas bonnes. La lutte était politique, pas ethnique, et Habyarimana avait peur de nous parce que nous étions forts. Il n'avait jamais voulu la paix, parce qu'il voyait que nous pourrions l'emporter politiquement. »

Nul doute que les accords d'Arusha équivalaient pour Habyarimana à un suicide politique. Les dirigeants du Pouvoir hutu crièrent à la trahison et accusèrent le président d'être devenu lui aussi un « complice ». Quatre jours après la signature de la paix, Radio Télévision libre des Mille Collines, récemment créée par des membres et des amis de l'*akazu* pour faire la propagande du génocide, commença à émettre de Kigali. *Kangura* des ondes, RTLM s'entendait partout, dans ce pays où abondent les postes de radio, et elle eut bientôt un succès prodigieux grâce à des stars du Pouvoir hutu, alternant l'éloquence et les chansons électrisantes, comme Simon Bikindi dont le plus grand tube était probablement ce chant de « bon voisinage », « Je hais ces Hutu » :

Je hais ces Hutu, ces arrogants Hutu, vantards qui méprisent les autres Hutu, chers camarades [...]
Je hais ces Hutu, Hutu déhutuisés, qui abdiquent leur identité, chers camarades.
Je hais ces Hutu, ces Hutu qui marchent aveuglément, comme des imbéciles.
Ces Hutu naïfs qui sont manipulés, et qui s'écartèlent, en prenant part à une guerre dont ils ignorent la cause.
Je déteste ces Hutu qui sont poussés à tuer, à tuer, je vous le jure,
Et qui tuent les Hutu, chers camarades.
Si je les hais, tant mieux [...]

Et ainsi de suite. C'est une très longue chanson.

« Quiconque croit que la guerre est finie à la suite des Accords d'Arusha s'abuse », lança Hassan Ngeze en janvier 1994 dans *Kangura.* Ngeze dénonçait la trahison d'Arusha depuis le début, mais l'arrivée des casques bleus de la Mission des Nations unies pour l'assistance au Rwanda (MINUAR) lui procura une cible nouvelle. La MINUAR, proclama Ngeze, n'était qu'un instrument « pour aider le FPR à prendre le pouvoir par la force ». Mais, rappelait-il à ses lecteurs, l'expérience prouvait que ce genre de garants de la paix étaient généralement des lâches, plutôt tentés de « regarder en spectateurs » lorsque des violences éclataient. Et il y aurait du spectacle, prophétisa-t-il, en invitant explicitement la MINUAR à se tenir à l'écart. « Si le FPR a décidé de nous tuer, alors entre-tuons-nous. Laissons exploser ce qui couve. [...] À ce moment-là, le sang coulera à flots. »

8

En 1991 Odette avait quitté son poste à l'hôpital pour devenir médecin du Corps de la paix américain à Kigali. Deux ans après, lorsque Washington suspendit ce programme au Rwanda, Odette envoya ses enfants à l'école à Nairobi et effectua pour le Corps de la paix plusieurs missions de brève durée au Gabon, au Kenya et au Burundi. Travailler au Burundi lui plut particulièrement, parce qu'il lui était commode de rendre visite à sa famille au Rwanda, et parce que c'était un pays où Hutu et Tutsi semblaient enfin décidés à partager pacifiquement le pouvoir. En août 1993, après pratiquement trente ans de brutale dictature tutsie, le premier président du Burundi élu au suffrage universel, un Hutu, entra en fonctions. Le transfert des responsabilités s'accomplit sans anicroche, et tant à l'intérieur qu'à l'étranger on salua la naissance d'une ère nouvelle en Afrique. Puis, en novembre, quatre mois après son avènement, le nouveau président fut assassiné par des militaires tutsi. Une insurrection hutue éclata alors, et la violente répression de l'armée tutsie qui s'ensuivit fit au moins cinquante mille victimes. Au Rwanda, les boutefeux du Pouvoir hutu ne manquèrent pas de proclamer que ces violences au Burundi voisin démontraient la traîtrise des Tutsi. Odette, quant à elle, perdit dans l'affaire son emploi avec le Corps de la paix.

Elle n'avait aucune envie de regagner Kigali. Tandis qu'Habyarimana résistait à l'application des accords d'Arusha, se multipliaient les attaques contre les Tutsi et les opposants hutu, et Odette n'avait qu'à écouter RTLM pour comprendre que là-bas ses jours seraient comptés. Mais le Corps de la paix, désireux de reprendre ses activités au Rwanda, lui offrit un salaire de vingt-cinq dollars de l'heure — dans un pays où le revenu moyen était inférieur à vingt-cinq dollars par mois — pour participer à la mise en place du programme. Odette était lasse de déplacer sans cesse ses enfants et d'être séparée de Jean-Baptiste. En outre, aux termes des accords d'Arusha, un contingent de six cents soldats du FPR était arrivé à Kigali. Enfin et surtout il y avait la MINUAR.

« En fait, dit Odette, c'est la MINUAR qui nous a convaincus de rester. Nous voyions tous ces casques bleus et nous avions parlé à Dallaire [le général canadien Roméo Dallaire, qui commandait la force des Nations unies]. Nous imaginions que, si les Hutu nous attaquaient, les trois mille hommes de la MINUAR devraient suffire à nous défendre. Dallaire nous avait donné ses numéros de téléphone et de radio, en nous disant : “S'il arrive quoi que ce soit, prévenez-moi immédiatement.” Nous leur faisions donc entièrement confiance. »

Une nuit de janvier 1994, quelques jours à peine après son retour à Kigali, Odette raccompagnait deux cousins à leur hôtel lorsqu'un essaim hurlant d'*interahamwe* cerna soudain sa voiture. Elle appuya sur l'accélérateur tandis que les miliciens lançaient deux grenades. L'explosion détruisit toutes les vitres, arrosant Odette et ses passagers de débris de verre. Il leur fallut plusieurs minutes pour se rendre compte qu'ils étaient indemnes. « J'ai appelé Dallaire, mais personne de la MINUAR n'est venu. J'ai compris alors que ces gens ne nous protégeraient jamais. »

La méfiance envers la MINUAR était la seule chose que le Pouvoir hutu et ceux qu'il voulait voir morts partageaient aussi profondément que leur défiance mutuelle. Et à juste titre. Dans les mois qui avaient suivi la signature des accords d'Arusha, les Rwandais avaient vu les missions de maintien de la paix de l'ONU en Bosnie et en Somalie humiliées par l'impuissance et la défaite. Le 3 octobre 1993, cinq semaines avant l'arrivée de la MINUAR à Kigali, dix-huit rangers américains appuyant la force des Nations unies en Somalie avaient été tués, et les télévisions du monde entier avaient diffusé les images de leurs cadavres traînés dans les rues de Mogadiscio. Or la MINUAR avait un mandat beaucoup plus restreint que la mission somalienne : il lui était interdit de recourir à la force sauf pour se défendre, et encore était-elle bien mal équipée pour cela.

Le 11 janvier 1994, alors que venait de paraître le numéro de *Kangura* avertissant la MINUAR de

« prendre la mesure du danger qui la menaçait », le général Dallaire envoya une télécopie urgente au département des opérations de maintien de la paix au siège de l'ONU à New York. Dans ce message intitulé « Demande de protection d'un informateur », Dallaire expliquait qu'il s'était assuré au sommet de la hiérarchie des *interahamwe* une remarquable source d'informations, dont il lui fallait garantir la sauvegarde. Ancien membre des services de sécurité présidentiels, cet informateur, précisait-il, recevait près de mille dollars par mois de l'état-major de l'armée et du président du MRND pour superviser « au plus haut niveau » la formation des *interahamwe*. Quelques jours auparavant, cet homme avait été chargé d'assurer la coordination entre quarante-huit commandos en civil, un ministre du MRND et plusieurs responsables locaux dans un complot visant à assassiner des chefs de l'opposition et des soldats belges lors d'une cérémonie au Parlement. « Ils espéraient provoquer le FPR [...] et déclencher une guerre civile. Il s'agissait d'exécuter les députés au moment de leur entrée au Parlement ou de leur sortie. Les militaires belges [qui composaient l'essentiel des troupes de la MINUAR] devaient être provoqués, et s'ils se servaient de leurs armes un certain nombre d'entre eux seraient tués pour contraindre les Belges à se retirer du Rwanda. » Si ce plan avait été — provisoirement — suspendu, l'informateur de Dallaire lui avait appris que plus de quarante cellules de quarante *interahamwe* chacune étaient « dispersées » autour de Kigali, après avoir été entraînées par l'armée rwandaise « à la discipline, aux armes, aux explosifs, au corps à corps et à la tactique ». Dallaire poursuivait ainsi son message :

> • Depuis le mandat de la MINUAR [l'informateur] a reçu l'ordre d'enregistrer tous les Tutsi de Kigali. Il soupçonne que c'est pour leur extermination. Il nous a indiqué par exemple qu'en vingt minutes ses hommes pourraient tuer jusqu'à un millier de Tutsi.
> • L'informateur affirme être hostile à l'extermination des Tutsi. S'il est opposé au FPR, il ne peut accepter le meurtre d'innocents. Il estime également que le président ne maîtrise plus entièrement tous les éléments de son ancien parti/faction.
> • L'informateur est prêt à nous indiquer un important entrepôt clandestin où seraient cachées au moins cent trente-cinq armes. [...] Il était disposé à nous y conduire ce soir si nous le prenions sous notre protection avec sa famille (sa femme et quatre enfants).

Ce n'était pas la première fois, et ce ne serait pas non plus la dernière, que le général Dallaire apprenait que la capitale — décrétée « zone désarmée » par les accords d'Arusha — était un arsenal du Pouvoir hutu. Ça n'avait rien d'un secret : grenades et fusils d'assaut kalachnikov s'étalaient ouvertement et se vendaient à des prix très raisonnables au marché central de Kigali ; des avions transportant des armements français ou financés par les Français continuaient d'atterrir ; le gouvernement importait de Chine des machettes en quantités totalement disproportionnées avec les besoins agricoles ; et nombre de ces armes étaient distribuées gratuitement à des gens sans la moindre attribution militaire — jeunes désœuvrés arborant la tenue extravagante des *interahamwe*, ménagères, employés de bureau — alors que le Rwanda était officiellement en paix pour la première fois depuis trois ans. Mais le message de Dallaire décrivait ce qui allait arriver d'une manière beaucoup plus précise que n'importe quel autre document qui nous soit parvenu d'« Avant ». Tout ce que son informateur lui avait prédit se réalisa trois mois après, et Dallaire estimait manifestement à l'époque qu'il fallait prendre cette source très au sérieux. Il annonçait son intention de perquisitionner l'entrepôt d'armes clandestin dans les trente-six heures et ajoutait : « Nous recommandons que l'informateur obtienne la protection demandée et qu'il soit évacué du Rwanda. »

Dallaire qualifiait son message de « très urgent » et le concluait par ces mots en français : « Peux ce que veux. Allons-y. » Pas question, lui répondit-on de New York. Le responsable du maintien de la paix était alors Kofi Annan, Ghanéen qui deviendrait secrétaire général de l'ONU, et son adjoint, Iqbal Riza, refusa le jour même à Dallaire d'engager « l'opération envisagée » et d'accorder une protection à son informateur, ces initiatives « excédant le mandat confié à la MINUAR ». Il invitait au contraire Dallaire à partager ses informations avec le président Habyarimana et à lui signifier que les activités des *interahamwe* représentaient « clairement une menace contre le processus de paix » et une « violation évidente » de la « zone désarmée de Kigali ». Peu importait que l'informateur de Dallaire eût explicitement précisé que les plans pour exterminer les Tutsi et assassiner des Belges émanaient de l'entourage d'Habyarimana : le mandat prévoyait que les violations du traité de paix devaient être signalées au président et, ajoutait Riza : « Vous devez supposer qu'il — Habyarimana — n'est pas au courant de ces activités, et insister pour qu'il examine immédiatement la situation. »

Dallaire était également prié de transmettre ses informations aux ambassadeurs de Belgique, de France et des États-Unis au Rwanda. Mais les responsables du maintien de la paix se gardèrent bien d'aviser le secrétariat ou le Conseil de sécurité des Nations unies qu'une « extermination » semblait se préparer au Rwanda. Et pourtant, en mai 1994, alors que l'extermination des Tutsi battait son plein au Rwanda, Kofi Annan déclarait à Washington devant une commission d'enquête du Sénat américain que les forces de maintien de la paix des Nations unies « ont le droit de se défendre, et cela inclut une action militaire préventive visant à écarter les éléments armés qui nous empêchent de faire notre travail. Néanmoins nos commandants sur le terrain, que ce soit en Somalie ou en Bosnie, se montrent très réticents à recourir à la force ». Quand on pense au message que lui avait envoyé Dallaire, il est étonnant qu'Annan n'ait pas mentionné le Rwanda.

« J'étais responsable, me dit par la suite Iqbal Riza, qui rédigea la réponse à Dallaire. Cela ne veut pas dire que M. Annan ignorait ce qui se passait. » Cet échange de correspondance fut transmis à Annan dans les quarante-huit heures, dit-il, et nul doute que le bureau de Boutros Boutros-Ghali, alors secrétaire général de l'ONU, en reçut également copie. L'un des collaborateurs les plus proches de Boutros-Ghali assure au contraire que le secrétariat général n'en eut pas connaissance à l'époque : « C'est stupéfiant — un document étonnant, me dit-il après que je lui eus lu le message de Dallaire au téléphone. Tout cela atteint un niveau dramatique que je n'ai connu qu'une ou deux fois ces cinq dernières années à l'ONU. Il est vraiment incroyable qu'un fax comme ça soit reçu sans être remarqué. » En fait, Boutros-Ghali prit finalement connaissance du message, mais en minimisa l'importance après le génocide : « Les situations de ce genre et les rapports alarmants qu'on reçoit des gens sur place, bien qu'ils soient étudiés avec le plus grand sérieux par les agents des Nations unies, n'ont rien d'inhabituel dans le contexte d'opérations du maintien de la paix. »

Riza adopta le même point de vue. Rétrospectivement, me dit-il, « vous pouvez voir tout ça très clairement — quand vous êtes assis avec vos papiers devant vous, en écoutant de la musique ou autre chose, et vous vous dites : "Mais il y avait ce document !" Mais quand vous vous trouvez dans le feu de l'action, c'est tout autre chose ». Le message de Dallaire n'était qu'un élément parmi un flot d'échanges quotidiens avec la MINUAR : « Nous recevons plein de rapports hyperboliques. » Et adoptant à son tour un point de vue rétrospectif, il ajouta : « Si nous étions allés trouver le Conseil de sécurité trois mois après la Somalie, je vous assure qu'aucun gouvernement ne nous aurait dit : "Oui, nous envoyons nos gars pour une action offensive au Rwanda." »

Aussi le général Dallaire, obéissant aux ordres de New York, avisa-t-il Habyarimana qu'il y avait des fuites dans son système de sécurité et, s'il n'y avait pas eu le génocide, l'affaire aurait pu en rester là. Naturellement, l'informateur de Dallaire cessa de l'informer, et des années plus tard, lorsque le Sénat belge créa une commission pour enquêter sur les circonstances dans lesquelles certains de ses soldats avaient été massacrés au service de la MINUAR, Kofi Annan refusa de déposer ou de laisser témoigner le général Dallaire. La charte des Nations unies, expliqua-t-il dans une lettre au gouvernement belge, accordait à son personnel « l'immunité pour ses actes officiels » ; et il ne voyait pas en quoi la levée de cette immunité « était dans l'intérêt de l'Organisation ».

Vers la fin de mars 1994, Odette fit un rêve : « Nous nous enfuyions, on tirait de tous côtés, des avions mitraillaient et tout brûlait. » Elle décrivit ses visions à un ami appelé Jean, qui la rappela quelques jours après : « Je suis traumatisé depuis que tu m'as raconté ce rêve. Je veux que tu partes avec ma femme à Nairobi parce que j'ai l'impression que nous allons tous nous faire massacrer cette semaine. »

Odette approuva l'idée de quitter Kigali. Elle promit à Jean qu'elle serait prête à partir le 15 avril, jour où s'achevait son contrat avec le Corps de la paix. Elle se souvenait de lui avoir dit : « Moi aussi, j'en ai assez de tout ça. »

Des conversations de ce genre avaient lieu dans tout Kigali. Pratiquement tous les Rwandais à qui j'en parlai décrivirent les dernières semaines de mars comme une période de prémonition sinistre, sans que personne pût expliquer exactement ce qui avait changé. Il y avait les meurtres habituels de Tutsi et d'opposants hutu, la frustration habituelle de voir Habyarimana ne pas appliquer les accords de paix — « impasse politique » dont le ministre belge des Affaires étrangères, Willy Klaes, avertit le secrétaire général de l'ONU à la mi-mars qu'elle « pourrait aboutir à une explosion irrépressible de violence ». Mais les Rwandais se rappellent quelque chose de plus, une impression confuse.

« Nous sentions quelque chose de mauvais, dans tout le pays, me dit Paul Rusesabagina, directeur de l'Hôtel des Diplomates à Kigali. Tout le monde se rendait compte que quelque chose n'allait pas. Mais nous n'arrivions pas à voir exactement quoi. » Hutu et esprit libre, critique envers le régime Habyarimana, Paul se disait « toujours dans l'opposition ». En janvier 1994, après avoir été attaqué dans sa voiture, il s'était installé quelque temps dans l'hôtel puis était parti en vacances en Europe avec sa femme et son fils d'un an. En me disant qu'ils étaient revenus à Kigali le 30 mars, il éclata de rire et une expression d'étonnement se peignit sur son visage. « J'étais rentré pour travailler. Mais je sentais bien que c'était une erreur. »

Bonaventure Nyibizi s'était souvent demandé pourquoi il n'avait pas quitté le Rwanda à ce moment-là. « Ma mère a sans doute été la principale raison. Elle se faisait vieille et j'avais probablement le sentiment qu'il serait difficile de la faire partir sans savoir où nous allions. Et nous espérions que ça allait s'arranger. Aussi, depuis ma naissance, depuis que j'ai quatre ou cinq ans, j'ai vu détruire des maisons, j'ai vu tuer des gens tous les deux ou trois ans : 64, 66, 67, 73. J'ai donc dû me dire que ça n'allait pas être grave. Ouais — mais je savais évidemment que cette fois-ci ce serait sérieux. »

Le 2 avril, environ une semaine après qu'Odette eut fait ce rêve de destruction, Bonaventure partit en voiture rendre visite à sa mère à Gitarama. Sur le chemin du retour, il s'arrêta au bord de la route dans un bar appartenant à Froduald Karamira, son ancien ami de prison devenu dirigeant du Pouvoir hutu. Il commanda une bière et parla longuement avec le barman de la manière dont Karamira avait changé et de l'avenir du pays. Karamira, lui raconta l'homme, expliquait que tout le monde devait suivre le Pouvoir hutu et le président, et que plus tard ils se débarrasseraient d'Habyarimana. « Je lui ai demandé comment. Je lui ai dit : “Vous donnez beaucoup de pouvoirs à Habyarimana, comment espérez-vous vous débarrasser de lui ?" Il n'a pas voulu me répondre », ajouta Bonaventure en riant.

Hassan Ngeze, en revanche, n'en faisait pas mystère à ses lecteurs. Le numéro de mars de *Kangura* parut en effet avec cette manchette : « HABYARIMANA MOURRA EN MARS », accompagnée d'une caricature représentant le président en complice tutsilâtre du FPR. L'article expliquait qu'il ne serait « pas tué par un Tutsi » mais par un « Hutu acheté par les cafards ». *Kangura* présentait un scénario étrangement semblable à ceux qu'évoquait l'informateur de Dallaire : le président assassiné « pendant une manifestation populaire » ou « au cours d'une réunion avec les dirigeants de son parti ». L'article commençait par ces mots : « Rien n'arrive que nous ne l'ayons prédit » et se concluait ainsi : « Personne n'attache plus de prix à la vie d'Habyarimana que lui-même. L'important est de lui dire comment il sera tué. »

9

Le soir du 6 avril 1994 Thomas Kamilindi était d'excellente humeur. C'était son trente-troisième anniversaire et sa femme, Jacqueline, avait préparé pour l'occasion un gâteau et un bon dîner dans leur maison de Kigali. Il venait en outre d'achever sa dernière journée de travail à Radio Rwanda : reporter depuis dix ans à la station publique, Thomas, qui était hutu, avait démissionné pour protester contre la partialité excessive des informations politiques. Il prenait une douche lorsque Jacqueline cogna à la porte de la salle de bains en criant : « Dépêche-toi ! On vient d'attaquer le président. » Thomas verrouilla les portes de la maison et se mit à l'écoute de RTLM. S'il détestait sa violente propagande, l'organe du Pouvoir hutu, dans la situation que traversait alors le Rwanda, était certainement le meilleur baromètre politique. Le 3 avril, en effet, RTLM avait annoncé que dans les trois prochains jours « il se passera un petit quelque chose ici à Kigali, et les 7 et 8 avril vous entendrez siffler les balles et exploser les grenades ». La radio rapportait que l'avion du président Habyarimana, qui revenait de Dar es-Salaam en Tanzanie, avait été abattu au-dessus de Kigali et s'était écrasé dans le parc du palais présidentiel. Le nouveau président hutu du Burundi et plusieurs des principaux conseillers d'Habyarimana étaient également à bord. Il n'y avait aucun survivant.

Thomas, qui avait des amis bien placés, avait entendu dire que l'entourage extrémiste du président préparait dans tout le pays des massacres massifs de Tutsi, et qu'avaient été dressées des listes d'opposants hutu à liquider en priorité. Mais il n'avait jamais imaginé qu'Habyarimana lui-même pourrait être visé. Si le Pouvoir hutu l'avait sacrifié, qui était à l'abri ?

La radio interrompait normalement ses programmes à vingt-deux heures, mais cette nuit-là elle ne cessa pas d'émettre. La musique alternait avec les bulletins d'information, et la musique, qui lui tint compagnie tout au long de cette nuit blanche, confirma à Thomas que le pire était en train d'arriver au Rwanda. Le lendemain matin à l'aube, RTLM imputa l'assassinat d'Habyarimana au Front patriotique rwandais et à des membres de la MINUAR. Mais si Thomas avait pu croire une chose pareille, il eût été au micro et non devant son récepteur.

Odette et Jean-Baptiste étaient également suspendus à RTLM. Ils buvaient un whiskey chez eux avec un visiteur lorsqu'un ami les appela au téléphone pour leur dire de se mettre à l'écoute. Il était vingt heures quinze, se souvenait Odette, et la radio annonça qu'on avait vu l'avion d'Habyarimana tomber en flammes sur Kigali. La première réaction de Jean-Baptiste fut de dire : « Fichons le camp. Sautons dans la jeep, ou nous allons tous être massacrés. » Son projet était de partir dans le Sud, au Butare, fief des opposants au Pouvoir hutu et seule province ayant un gouverneur tutsi. Devant tant de résolution, leur visiteur déclara : « D'accord, moi aussi. Je pars d'ici. Gardez votre whiskey. » Odette sourit en me racontant cela : « Cet homme adorait le whiskey. C'était un handicapé, et il était venu nous montrer son nouveau poste de télévision et son nouveau magnétoscope, parce mon mari, qui est très généreux, lui avait donné de l'argent pour qu'il se les achète. Comme il était handicapé, il disait tout le temps : "Je vais crever si je n'ai pas la télé." Malheureusement, il n'a jamais eu l'occasion de regarder sa télé. Il a été tué cette nuit-là. »

Odette s'essuya les yeux, avant d'ajouter : « C'est une histoire que j'ai toujours gardée pour moi — l'histoire de ce handicapé — parce qu'il était si heureux d'avoir sa télé. Alors… Alors… » Elle sourit puis se mit à pleurer. Ce fut la seule fois où elle pleura en me racontant sa vie. Elle se couvrit le visage d'une main et pianota nerveusement de l'autre sur la table. Puis elle se leva en disant : « Je vais nous chercher des sodas. » Elle revint cinq minutes après. « Ça va mieux maintenant. Je suis désolée. C'est ce handicapé qui me bouleverse. Il s'appelait Dusabi. J'ai du mal à parler de son cas, mais j'y pense tous les jours. Tous les jours. »

Elle reprit le récit de cette « première » nuit d'avril. Jean-Baptiste était impatient de partir. Mais Odette lui demanda d'emmener sa sœur, Vénantie, l'un des rares députés tutsi au Parlement. Et Vénantie les fit longuement attendre. « Elle téléphonait partout, à tout le monde. Finalement Jean-Baptiste lui a dit : “On va être obligés de partir sans toi. — Vous ne pouvez pas faire ça, a-t-elle répondu. Vous aurez des remords toute votre vie si je me fais tuer.” Je lui ai dit : “Alors pourquoi ne viens-tu pas ? — Si Habyarimana est mort, qui va nous tuer ? C’était lui l’origine de tout.” » RTLM a alors annoncé que tout le monde devait rester chez soi, ce qui était précisément ce que Jean-Baptiste redoutait. Il s’est mis en pyjama et a dit : « Les éventuels survivants vont regretter jusqu’à la fin de leurs jours que nous soyons restés. »

Le lendemain, ils entendirent tirer dans les rues et commencèrent à recevoir des nouvelles des massacres. « Des enfants ont téléphoné pour nous dire : “Maman et papa sont morts.” Un cousin nous a appris le même genre de choses. Nous avons essayé de savoir comment nous rendre à Gitarama, qui était encore calme. Les gens croient toujours que je suis folle quand je raconte ça, mais j’ai téléphoné au gouverneur et il m’a demandé : “Pourquoi voulez-vous venir ici ?” » Odette prétendit que sa cousine était morte à Gitarama et qu’ils devaient assister à l’enterrement. « S’ils sont morts, lui répondit le gouverneur, ils ne souffrent plus, et si vous essayez de venir vous risquez de mourir en route. »

« Le 6 avril, me dit Paul Rusesabagina, le directeur d’hôtel, j’étais ici, aux Diplomates, et je prenais un verre à la terrasse, quand Habyarimana a été tué. Mais ma femme et nos quatre enfants étaient à la maison — nous habitions près de l'aéroport —, et ma femme a entendu le missile qui a touché l'avion. Elle a téléphoné pour me dire : "Je viens d'entendre quelque chose que je n'ai jamais entendu. Essaie de venir tout de suite à la maison." »

Un client de l'hôtel, un militaire, vit Paul partir et lui conseilla d'éviter son itinéraire habituel parce qu'un barrage routier y avait déjà été établi. Paul ne savait pas encore ce qui s'était passé. Les rues étaient désertes, et dès qu'il arriva chez lui le téléphone sonna. C'était le directeur hollandais de l'Hôtel des Mille-Collines, qui appartenait à Sabena, la même société belge qui administrait les Diplomates. « Revenez immédiatement en ville, dit-il à Paul. Votre président est mort. » Paul téléphona à des gens qu'il connaissait à la MINUAR pour demander une escorte. « "Impossible, me répondirent-ils. Il y a des barrages dans tout Kigali et les gens se font tuer dans les rues." C'était une heure après la mort du président. Tout juste une heure. »

Personne, à ce moment-là, ne savait exactement qui dirigeait le gouvernement décapité, mais les barrages routiers, le ton assuré des présentateurs de RTLM et les massacres dans la ville laissaient penser que le Pouvoir hutu était en train de réaliser un coup d'État. Et c'était effectivement le cas. Bien que les assassins d'Habyarimana n'aient jamais été identifiés avec certitude, il est probable qu'il s'agissait d'extrémistes de son propre entourage — et notamment le colonel en semi-retraite Théoneste Bagasora, intime de Mme Habyarimana, membre fondateur de l'*akazu* et de ses escadrons de la mort, qui avait déclaré en janvier 1993 qu'il préparait l'apocalypse. Mais quels que soient les meurtriers d'Habyarimana, le fait est que les organisateurs du génocide étaient prêts à exploiter sa mort instantanément. (Alors qu'au Rwanda les dirigeants du Pouvoir hutu passaient la nuit à faire démarrer la machine à massacrer, au Burundi, dont le président avait également été tué, l'armée et les Nations unies lançaient des appels au calme, et cette fois-ci le Burundi n'explosa pas.)

Le 6 avril, en début de soirée, le colonel Bagasora avait dîné avec le bataillon bengali de la MINUAR. Une heure après la mort d'Habyarimana, il présidait la réunion d'un « comité de crise » autoproclamé, constitué essentiellement de militaires, au cours de laquelle le Pouvoir hutu ratifia son propre coup d'État et, parce qu'y assistaient le représentant spécial du secrétaire général de l'ONU et le général Dallaire, assura qu'il poursuivrait le processus de paix engagé à Arusha. La réunion s'acheva vers minuit. À ce moment-là, la capitale grouillait déjà de militaires, d'*interahamwe* et de soldats de la Garde présidentielle, munis de listes de gens à exécuter. La première priorité des assassins était d'éliminer les chefs de l'opposition hutue, y compris le premier ministre, Agathe Uwilingiyimana, dont la résidence fut l'une des nombreuses maisons investies à l'aube du 7 avril. Un détachement de dix soldats belges de la MINUAR se présenta sur les lieux, mais Mme Uwilingiyimana essaya alors de s'enfuir en sautant le mur de son jardin et fut tuée tout près de là. Avant que les Belges aient pu repartir, un officier rwandais arriva en voiture et leur ordonna de déposer les armes et de le suivre. En infériorité numérique, les Belges furent emmenés au camp Kigali, au centre de la capitale, où ils furent détenus plusieurs heures, puis torturés, assassinés et mutilés.

L'extermination massive des Tutsi commença alors, et les troupes de l'ONU n'offrirent guère d'opposition aux meurtriers. Les pays étrangers se hâtèrent de fermer leurs ambassades et d'évacuer leurs ressortissants, abandonnant les Rwandais qui leur demandaient secours, à de très rares exceptions près comme Agathe Habyarimana, escamotée par les Français et qui put gagner Paris à bord d'un avion de transport militaire. Le FPR, qui était resté opérationnel en raison des atermoiements du Pouvoir hutu à appliquer les accords de paix, reprit le combat moins de vingt-quatre heures après la mort d'Habyarimana : ses unités de Kigali quittèrent leurs casernes pour occuper les hauteurs autour du Parlement, tandis que le gros de ses forces lançait une vaste offensive depuis la « zone démilitarisée » du Nord-Est. L'armée gouvernementale contre-attaqua vigoureusement pour permettre à la population de poursuivre sa tâche meurtrière. « Vous, les cafards, sachez bien que vous êtes des êtres de chair, menaça un présentateur de RTLM. Nous n'allons pas vous laisser nous tuer : nous allons vous exterminer. »

Avec ces encouragements, relayés par les responsables de tous les niveaux, le massacre des Tutsi et des opposants hutu gagna bientôt toutes les régions du pays. Suivant l'exemple des milices, les Hutu de tous âges s'attelèrent à la tâche, taillant en pièces leurs voisins, leurs collègues de travail ; les médecins assassinèrent leurs patients, les enseignants leurs élèves. En quelques jours, la population tutsie de nombreux villages fut pratiquement anéantie, tandis qu'à Kigali les prisonniers étaient organisés en équipes pour ramasser les cadavres qui jonchaient les trottoirs de la ville. Dans tout le Rwanda, ces tueries s'accompagnèrent de viols en masse et de pillages généralisés. Autocars et camions transportaient d'un endroit à l'autre les bandes de miliciens ivres et bourrés de médicaments volés dans les pharmacies mises à sac. La radio rappelait sans cesse aux Hutu de ne pas avoir pitié des femmes et des enfants. Pour stimuler davantage les assassins, les biens des Tutsi étaient distribués à l'avance : la radio, le divan, la chèvre, l'occasion de violer une jeune fille. Une conseillère municipale d'un quartier de Kigali offrit cinquante francs rwandais (moins de deux francs français) pour chaque tête coupée de Tutsi, pratique qualifiée de « vente de choux ».

Le 9 avril au matin, Paul Rusesabagina, bloqué chez lui par le couvre-feu permanent, vit un homme escalader le mur de son jardin. Si c'est moi qu'on recherche, se dit-il, mieux vaut mourir seul pour éviter que ma femme et tous les gens de la maison ne soient massacrés. Il sortit dans la cour, pour apprendre que le « comité de crise » du colonel Bagasora venait de former un nouveau « gouvernement intérimaire », composé exclusivement de fantoches du Pouvoir hutu. Ce gouvernement voulait installer son quartier général à l'Hôtel des Diplomates, mais toutes les chambres étaient fermées et les clés se trouvaient dans un coffre du bureau de Paul. Voilà pourquoi vingt soldats avaient été envoyés à sa recherche. Paul rassembla sa famille, ainsi que les amis et voisins qui s'étaient réfugiés chez lui, une trentaine de personnes au total, et tous partirent pour l'hôtel accompagnés des soldats. C'est une ville dévastée qu'ils traversèrent — « Quelle horreur, se souvenait Paul. Nos voisins étaient tous morts » —, mais au bout d'un kilomètre l'escorte s'arrêta soudain.

« Monsieur, dit l'un des soldats, savez-vous que tous les patrons ont été tués ? Nous les avons tous massacrés. Mais vous avez de la chance. Nous n'allons pas vous exécuter aujourd'hui parce qu'ils nous ont chargés de vous ramener au gouvernement. » En se rappelant ce discours, Paul éclata d'un rire convulsif. « Vous savez, je transpirais à grosses gouttes, dit-il. Alors j'ai commencé à négocier : "Écoutez, me tuer ne va rien vous rapporter. Quel profit allez-vous en retirer ? Si je vous donne de l'argent, vous aurez gagné quelque chose et vous irez vous acheter ce que vous voulez. Mais si vous tuez quelqu'un — ce vieil homme, par exemple, il a soixante ans, sa vie est finie —, quel est votre avantage ?" » Immobilisé au bord de la route, Paul négocia de la sorte pendant au moins une heure, et lorsqu'il put repartir il avait distribué plus de cinq cents dollars.

En 1993, quand la Sabena l'avait nommé directeur général des Diplomates, Paul était le premier Rwan-

Hôtel Rwanda

dais à atteindre une position aussi élevée dans cette société belge. Mais le 12 avril 1994 — quatre jours après qu'il eut emménagé dans l'hôtel avec le nouveau gouvernement génocidaire —, lorsque le Hollandais qui dirigeait les Mille-Collines lui annonça qu'il s'était arrangé pour se faire évacuer en tant qu'Européen, il alla de soi que Paul, puisqu'il était rwandais, resterait à Kigali. Le Hollandais demanda donc à Paul, qui y avait travaillé de 1984 à 1993, de s'occuper des Mille-Collines en son absence. Au même moment, le gouvernement du Pouvoir hutu installé aux Diplomates décida soudain de fuir Kigali, où s'intensifiaient les combats avec le FPR, pour se réfugier à Gitarama. Paul fit alors monter sa famille et ses amis dans un camion de l'hôtel, et lorsque le convoi blindé du gouvernement s'ébranla il le suivit, comme s'il en faisait partie ; puis, quand le convoi passa devant l'Hôtel des Mille-Collines, il s'en détacha pour gagner sa nouvelle résidence.

Une situation étrange l'attendait aux Mille-Collines, le meilleur hôtel de Kigali, palace international dont le personnel portait la livrée et où la nuit coûtait cent vingt-cinq dollars — environ la moitié du revenu rwandais moyen. Outre quelques officiers des Forces armées rwandaises et de la MINUAR, y avaient en effet trouvé refuge des centaines de Rwandais traqués — essentiellement des opposants hutu et des Tutsi riches ou influents, accompagnés de leur famille, officiellement voués à la mort mais qui, grâce à leurs relations, à des pots-de-vin ou simplement à la chance, étaient parvenus vivants à l'hôtel, dans l'espoir que la présence des casques bleus les protégerait.

Quelques journalistes étrangers se trouvaient encore aux Mille-Collines quand Paul y arriva, mais ils furent évacués deux jours plus tard. Josh Hammer, un correspondant de *Newsweek* qui passa vingt-quatre heures à Kigali les 13 et 14 avril, se rappelait avoir aperçu d'une fenêtre des Mille-Collines, en compagnie de quelques réfugiés tutsi, une bande d'*interahamwe* qui couraient dans la rue en contrebas : « On pouvait voir littéralement le sang goutter de leurs gourdins et de leurs machettes. » Lorsque Hammer sortit explorer la ville avec d'autres journalistes, ils ne purent parcourir que quelques centaines de mètres avant que des *interahamwe* les obligent à faire demi-tour. Aux barrages routiers, « les militaires nous faisaient signe de passer, puis nous entendions deux ou trois coups de feu et en repassant nous voyions de nouveaux cadavres joncher l'asphalte ». Le jour où Hammer se trouvait à Kigali, un camion de la Croix-Rouge, plein de Tutsi blessés qu'il conduisait à l'hôpital, fut arrêté à un barrage d'*interahamwe* et tous les Tutsi durent descendre et furent massacrés « sur place ». L'artillerie du FPR tonnait dans le lointain, et lorsque Hammer se rendit au restaurant, au dernier étage de l'hôtel, des soldats gouvernementaux l'empêchèrent d'entrer : « Apparemment tout l'état-major y était réuni pour concocter la défense et le génocide. »

Quand les journalistes partirent pour l'aéroport avec un convoi de la MINUAR, Paul se retrouva à la tête d'un hôtel rempli de condamnés à mort. Hormis la présence largement symbolique d'une poignée de casques bleus, les Mille-Collines étaient sans protection aucune. Responsables du Pouvoir hutu et officiers des FAR ne cessaient d'entrer et sortir, des bandes d'*interahamwe* cernaient les abords, les six lignes téléphoniques extérieures de l'hôtel avaient été coupées, et le millier de réfugiés qui s'entassaient désormais dans les chambres et les couloirs s'entendaient périodiquement annoncer qu'ils allaient tous être massacrés. « Parfois, me dit Paul, j'avais le sentiment d'être mort.

— Mort ? Déjà mort ?

— Oui », me répondit-il après avoir réfléchi quelques instants.

La veille du jour où Paul s'installa à l'Hôtel des Mille-Collines, Odette et Jean-Baptiste essayèrent de quitter Kigali. Ils payaient pour leur protection trois cents dollars par jour à trois policiers du quartier et se trouvaient pratiquement à court d'espèces. Odette leur avait déjà remis plusieurs milliers de dollars en chèques de voyage, qu'ils avaient acceptés à contrecœur, et elle craignait qu'ils ne découvrent sa sœur lorsque l'argent manquerait. Vénantie s'était cachée pendant trois jours dans un poulailler appartenant à des voisines religieuses, puis elle en était sortie en disant qu'elle préférait encore mourir. Odette avait aussi appris qu'au moins l'une de ses autres sœurs s'était fait tuer dans le Nord, et elle savait que la plupart des Tutsi de Kigali avaient été exterminés. Son ami Jean, qui lui avait demandé d'emmener sa femme à Nairobi, y était parti seul afin de chercher une maison pour sa famille, et entre-temps sa femme avait été massacrée avec leurs quatre enfants. Les bennes à ordures sillonnaient les rues en ramassant les cadavres.

En revanche, la tuerie n'avait pas encore commencé dans le Sud. Odette et Jean-Baptiste se disaient que s'ils y parvenaient ils seraient peut-être en sécurité. Encore fallait-il traverser le Nyarabongo, et ils savaient qu'ils n'auraient aucune chance de franchir le pont juste au sud de Kigali. Ils décidèrent donc de gagner les marais le long de la rivière, pour tâcher de passer en pirogue et de continuer à pied à travers la brousse. En échange d'une escorte jusqu'à la rivière, ils cédèrent leur jeep, leur télévision, leur chaîne hi-fi et d'autres appareils ménagers à leurs protecteurs. Les policiers allèrent même chercher le neveu d'Odette, sa femme et leur bébé, qui se cachaient quelque part à Kigali, et les mirent à l'abri dans une école. Mais le neveu fut tué le lendemain, ainsi que tous les autres hommes qui y avaient trouvé refuge.

La veille du départ, Odette se rendit la nuit chez leurs voisines, les religieuses, et fit part de son projet à la supérieure. Celle-ci la prit à part et lui remit plus de trois cents dollars. « Une grosse somme, me dit Odette, et c'était une Hutue. » Odette confia une partie de l'argent à chacun de ses enfants, âgés de quatorze, treize et sept ans, et elle glissa dans leurs chaussures des bouts de papier avec l'adresse et le numéro de téléphone de parents et d'amis, ainsi que les numéros de compte bancaire de Jean-Baptiste et d'elle-même — au cas, leur dit-elle, où ils seraient séparés ou tués.

Ils partirent à quatre heures du matin. Sans leur escorte — après avoir touché les derniers chèques de voyage d'Odette, les policiers s'étaient évaporés. Jean-Baptiste prit donc le volant. À cette heure matinale, la plupart des barrages routiers étaient abandonnés. Vénantie, dont le visage était connu de tous depuis qu'elle siégeait au Parlement, s'enveloppa d'un foulard à la manière d'une musulmane. Dans un petit village près de la rivière, dont le maire était un ami de Jean-Baptiste, ils obtinrent une escorte de policiers locaux — deux hommes devant, un derrière, en échange de trente dollars chacun — et, munis d'un peu d'eau, de biscuits et d'un kilo de sucre, ils s'enfoncèrent à pied parmi les papyrus plus hauts qu'eux. Au bord de l'eau, ils hélèrent un piroguier sur la rive opposée. « Non, vous êtes des Tutsi », riposta l'homme.

Les marais grouillaient de Tutsi, qui se cachaient ou essayaient de traverser la rivière, et dans les papyrus il y avait aussi nombre d'*interahamwe*. Quand Odette entendit sa fille hurler : « Non, ne nous tuez pas ! Nous avons de l'argent, j'ai de l'argent, ne me tuez pas ! », elle comprit que les enfants avaient été capturés.

« Nous nous sommes précipités, et Jean-Baptiste leur a dit : "Laissez-les tranquilles ! Je suis hutu. Nous fuyons le FPR." Et nous leur avons jeté tout notre argent et tout ce que nous avions. Pendant qu'ils se partageaient le butin, nous nous sommes enfuis en courant vers le village où nous avions laissé la jeep. Puis un autre groupe d'*interahamwe* a repéré ma sœur. Tandis que nous courions, ils s'appelaient d'une colline à l'autre en criant : "Il y a une députée parmi eux, il faut l'attraper." Ma sœur était plus vieille que moi et plus grosse, et nous étions très fatigués. Nous avons bu du sirop de fruits, et ça nous a donné des forces, mais ma sœur était à bout de souffle. Jean-Baptiste courait vite avec les enfants, et je lui ai dit : "Attends, Jean-Baptiste, si nous devons mourir, mourons ensemble." Alors, un groupe d'*interahamwe* nous est tombé dessus, et ils nous ont mis des grenades sur la nuque. C'est alors que j'ai entendu les coups de feu. Je n'ai pas eu le courage de me retourner. Je n'ai jamais vu le cadavre de ma sœur. Elle avait un petit pistolet, et ils l'ont tuée avec sa propre arme. »

Odette parlait très vite, sans s'arrêter. « Oh, j'ai oublié de dire que pendant la crise, avant avril, Jean-Baptiste avait acheté pour presque rien deux grenades chinoises, ici, au marché. Ça ne me plaisait pas. J'avais toujours peur qu'elles explosent. » Mais les grenades leur sauvèrent la vie. Quand les *interahamwe* eurent capturé les enfants, et de nouveau quand ils s'emparèrent de toute la famille et tuèrent Vénantie, Jean-Baptiste brandit les grenades, en disant aux assassins qu'ils mourraient avec eux. « Alors ils ne nous ont pas massacrés, mais nous ont conduits au village pour interrogatoire, et le maire, que nous connaissions, nous a apporté du riz et nous a traités en prisonniers pour nous protéger. »

C'était la fin de l'après-midi et il se mit à pleuvoir

— une de ces averses torrentielles, aveuglantes, assourdissantes, qui s'abattent en avril au Rwanda avant la tombée de la nuit —, et Jean-Baptiste en profita pour se ruer vers la jeep avec les siens. Les *interahamwe* entourèrent la voiture, mais Jean-Baptiste eut le temps de démarrer et, les bousculant, fonça en direction de Kigali. Il conduisit à toute vitesse, sans s'arrêter une seule fois, et douze heures après leur départ les Nyiramilimo étaient de retour chez eux. Cette nuit-là, ils écoutèrent Radio Muhabura, la station du FPR, qui donnait chaque jour la liste des Tutsi assassinés. Et au milieu de cette macabre litanie, ils entendirent leurs propres noms...

Thomas Kamilindi resta enfermé à clé chez lui pendant une semaine. Pendant ce temps-là, il travailla au téléphone, rassemblant des informations de tout le pays et envoyant des bulletins à une radio française. Puis, le 12 avril, Radio Rwanda l'appela pour lui dire qu'Eliézer Niyitigeka voulait le voir. Ancien collègue de la radio, Niyitigeka venait d'être nommé ministre de l'Information dans le gouvernement du Pouvoir hutu, en remplacement d'un opposant qui avait été tué. Thomas se rendit à pied à la station de radio, qui se trouvait près de chez lui, et Niyitigeka lui déclara qu'il devait reprendre le travail. Thomas lui rappela qu'il avait démissionné pour des raisons de conscience. « D'accord, Thomas, laissons les soldats décider », lui répondit le ministre. Thomas biaisa : il ne voulait pas accepter un emploi sous la menace mais il attendrait de recevoir une lettre officielle d'engagement. Niyitigeka acquiesça et Thomas rentra chez lui pour apprendre de sa femme, Jacqueline, que pendant son absence deux soldats de la Garde présidentielle s'étaient présentés avec une liste où figurait son nom.

Savoir qu'il était ainsi condamné à mort ne le surprit pas. À Radio Rwanda il refusait de parler le langage du Pouvoir hutu et avait dirigé deux grèves ; en outre, il appartenait au Parti social-démocrate, qui avait des liens avec le FPR, et il était originaire du Sud, de Butare. Thomas décida alors de chercher un refuge plus sûr que sa maison. Mais le lendemain matin, trois soldats frappaient à sa porte. Il les invita à s'asseoir, et le chef du détachement lui répliqua : « Nous ne nous asseyons pas pendant le service. Viens avec nous. » Thomas répondit qu'il ne bougerait pas tant qu'il ne saurait pas où on l'emmenait. « Suis-nous, ou ta famille va avoir des ennuis », riposta l'homme.

Thomas partit donc à pied avec les soldats. Ils passèrent devant l'ambassade américaine désertée et enfilèrent le boulevard de la Révolution. Au coin, devant l'immeuble des Assurances Soras, en face du ministère de la Défense, un groupe de militaires entourait une casemate nouvellement construite. Ils reprochèrent à Thomas d'avoir décrit leurs activités dans ses bulletins aux médias internationaux et lui ordonnèrent de s'asseoir sur la chaussée. Il refusa. Alors les soldats commencèrent à le frapper. Ils le battirent sévèrement et le giflèrent à plusieurs reprises, en lui hurlant des insultes et des questions. Puis l'un d'eux lui porta un coup de pied dans le ventre et il tomba assis. « O.K.,

Thomas, dit un autre. Écris une lettre à ta femme et raconte-lui ce que tu veux, parce que tu vas mourir. »

Une jeep arriva ; ses occupants, des militaires, en descendirent et frappèrent Thomas à leur tour. On lui donna ensuite un stylo et du papier, et il écrivit : « Écoute, Jacqueline, ils vont me tuer. Je ne sais pas pourquoi. Ils disent que je suis complice du FPR. C'est pour ça que je vais mourir, et voici mon testament. » Il rédigea son testament et remit le tout aux soldats.

« O.K., finissons-en », dit l'un des hommes, qui fit quelques pas en arrière en armant son fusil.

« Je n'ai pas regardé, me dit Thomas, lorsqu'il me raconta son calvaire. J'ai vraiment cru qu'ils allaient tirer. Puis un autre véhicule est arrivé, et soudain j'ai vu un commandant sur le marchepied du blindé. "Thomas ?" Quand il m'a appelé, je suis sorti d'une sorte de rêve et j'ai dit : "Ils sont en train de me liquider." Il leur a ordonné d'arrêter et a demandé à un sergent de me ramener chez moi. »

Fringant, trapu, le regard vif, le visage et les mains aussi expressifs que son discours, Thomas est un homme de radio, un conteur, et quelque sinistre que fût son histoire il prenait plaisir à la raconter. Après tout sa famille et lui étaient toujours vivants. Son aventure passait pour heureuse au Rwanda. Plus qu'aucun autre de mes interlocuteurs, il me donnait néanmoins l'impression qu'à mesure qu'il les racontait il revivait les événements, qu'en plongeant le regard dans le passé l'issue n'était pas encore assurée, et que tout en me fixant de ses yeux clairs et très légèrement incertains, il voyait encore les scènes qu'il décrivait, et espérait peut-être même les comprendre. Il est vrai que l'histoire n'avait aucun sens : le commandant qui l'avait épargné l'avait peut-être reconnu, mais pour Thomas c'était un parfait étranger. Par la suite, il apprit son nom : commandant Turkunkiko. Qu'était donc Thomas pour le commandant Turkunkiko ? Pourquoi l'avait-il laissé vivre ? Il n'était pas inhabituel qu'une ou deux personnes survivent à de grands massacres. Quand on « nettoie la brousse », il y a toujours quelques mauvaises herbes qui échappent à la faux — un homme me raconta que sa nièce avait été frappée à coups de machette, lapidée, puis jetée dans des latrines, et qu'à chaque fois elle s'était relevée pour s'enfuir en titubant —, mais Thomas avait été délibérément gracié, et il ne pouvait pas expliquer pourquoi. Il me lança un regard de stupéfaction comique — front plissé, sourcils haussés, sourire en biais — pour indiquer que sa survie était beaucoup plus mystérieuse que le danger qu'il avait couru.

Thomas me dit alors qu'il avait appris chez les scouts à « considérer le danger, à l'étudier, mais sans avoir peur », et de fait chacun de ses affrontements avec le Pouvoir hutu s'était déroulé sur le même modèle : lorsque le ministre lui avait ordonné de reprendre le travail, quand les soldats étaient venus le chercher, et quand ils lui avaient dit de s'asseoir sur la chaussée, Thomas avait toujours commencé par refuser avant de se résoudre à céder. Les tueurs avaient l'habitude de susciter la peur, alors que Thomas s'était toujours comporté comme si les menaces qu'on lui adressait étaient dues à quelque malentendu.

Pareilles subtilités auraient dû n'avoir aucune conséquence. Un complice était un complice ; il ne pouvait y avoir d'exceptions, et l'efficacité était essentielle. Pendant le génocide, le travail des massacreurs n'était pas considéré comme un crime au Rwanda ; c'était effectivement la loi du pays, et chaque citoyen était responsable de son application. Dans ces conditions, si une personne à exterminer était épargnée par certains, elle devait s'attendre à être capturée et tuée par d'autres.

C'est par une douce soirée d'été à Kigali qu'eut lieu cet entretien avec Thomas — le soudain crépuscule équatorial où vols de corbeaux et busards solitaires plongent en criant entre les arbres et les terrasses. En rentrant à pied à mon hôtel, je passai devant le carrefour où Thomas avait failli être exécuté. Criblées de balles, les baies vitrées de l'entrée de l'immeuble des Assurances Soras n'étaient plus qu'une loque pitoyable.

« Si je ne tue pas ce rat, il mourra », dit Clov dans *Fin de partie*, de Samuel Beckett. Mais ceux qui commettent un génocide choisissent de se faire les ennemis — et non les alliés — de la nature.

Le matin du 12 avril, au moment même où la Garde présidentielle vint chercher Thomas chez lui, Bonaventure Nyibizi apprit que sa famille et lui devaient être tués dans l'après-midi. Ils se cachaient dans sa maison et alentour, passant parfois la nuit tapis dans des fossés. Nombre de leurs voisins avaient été exterminés et, me dit-il : « Je me souviens que déjà le 10 avril l'administration provinciale avait lancé un appel à la radio pour réquisitionner tous les gens disposant de gros camions, tant il y avait de morts dans la ville quatre jours seulement après le début du génocide. »

Puisqu'il n'était plus possible de rester à la maison, « nous avons décidé que, plutôt que de nous faire massacrer à coups de machette, il valait mieux être tués d'une balle ou d'un éclat de grenade. Nous avons pris ma voiture et nous sommes sortis du jardin clos. Nous avons pu atteindre l'église de la Sainte-Famille. C'était à sept cents mètres à peine de chez moi, mais s'y rendre en voiture était très difficile à cause des barrages routiers. Mais nous y sommes parvenus, et le 15 avril ils sont arrivés. Ils ont tué environ cent cinquante personnes à la Sainte-Famille ce jour-là, et pendant tout ce temps-là ils m'ont cherché. »

La cathédrale catholique de la Sainte-Famille, une immensité de brique, se dresse sur l'une des principales artères de Kigali, à quelques centaines de mètres de l'Hôtel des Mille-Collines. Comme, en raison de ses dimensions et de son emplacement, elle ne pouvait manquer d'attirer l'attention des rares observateurs étrangers qui circulaient encore à Kigali, la Sainte-Famille fut l'un des rares asiles — une demi-douzaine à Kigali et moins d'une douzaine dans tout le Rwanda — où les Tutsi qui s'y réfugièrent en 1994 ne furent jamais exterminés en masse. Dans ces quelques endroits, les massacres restèrent fragmentaires et épisodiques, et ceux qui étaient épargnés vivaient dans une terreur constante. La Sainte-Famille fut d'abord protégée par des policiers mais, comme toujours, ils ne s'opposèrent pas longtemps aux *interahamwe* du quartier et aux soldats qui traquaient les Tutsi. Au début, les tueurs qui investirent l'endroit se contentèrent d'attaquer les nouveaux réfugiés à mesure qu'ils arrivaient. Le massacre du 15 avril fut la première incursion massive dans l'église, opération très soigneusement organisée par les *interahamwe* et la Garde présidentielle.

Seuls des hommes furent exécutés ce jour-là, choisis un à un parmi les quelques milliers de personnes entassées dans l'église et ses abords. Les tueurs avaient des listes et nombre d'entre eux étaient des voisins des victimes capables de les reconnaître au premier coup d'œil. Un jeune homme qui avait travaillé comme domestique chez Bonaventure se fit ainsi assassiner. « J'ai eu de la chance, me dit Bonaventure. Je venais d'entrer dans une petite pièce avec ma famille et j'avais à peine refermé la porte que la Sainte-Famille se remplit de militaires, de miliciens et de policiers. Ils ont demandé si j'étais là, mais par bonheur ils n'ont pas défoncé la porte de mon refuge. J'y suis resté avec les enfants et ma femme. Nous étions une vingtaine de personnes en tout dans ce minuscule endroit. » Bonaventure avait avec lui une petite fille de trois mois. « Le plus difficile a été de l'empêcher de crier. »

Je lui demandai ce qu'avaient fait les prêtres quand le massacre avait commencé. « Rien, répondit-il. L'un d'eux était un brave homme, mais menacé lui-même il s'est caché le 13 avril. L'autre responsable était très à l'aise avec la milice. C'était le fameux père Wenceslas Munyeshyaka. Très proche des militaires et des miliciens, il les accompagnait partout. S'il ne dénonçait personne au début, il ne faisait rien pour les gens. »

Après la tuerie, un jeune prêtre, appelé Paulin, trouva à Bonaventure une cachette plus sûre — un petit bureau derrière un garage de l'église —, où il se terra, avec un ami, du 15 avril au 20 juin. « C'était un Hutu, mais un homme bon, me dit Bonaventure. De temps à autre, il ouvrait la porte pour que nos femmes puissent nous apporter de l'eau ou de la nourriture. Le bruit courait que j'avais été tué, je n'avais donc qu'à rester caché. »

En rentrant à pied de son exécution avortée, Thomas Kamalindi apprit du sergent qui l'escortait qu'il était toujours condamné à mort. « Ils vont vous tuer aujourd'hui si vous ne partez pas », lui assura l'homme. Thomas rédigea un nouveau testament et le donna à sa femme, en disant : « Je m'en vais, je ne sais pas où, mais peut-être qu'un jour ce papier te servira. »

Il pleuvait quand il ressortit de la maison. Il se mit à marcher au hasard et se retrouva à Radio Rwanda. « J'ai eu peur, parce que la radio était pratiquement devenue un camp militaire. » Mais personne ne semblait lui prêter attention. « J'ai regardé la télé jusqu'au soir. J'ai téléphoné à ma femme et lui ai dit que j'étais à la radio ; j'y ai passé la nuit sur une natte, sous une table. Je n'avais rien mangé, mais j'ai bien dormi. » Thomas n'aurait jamais survécu s'il avait été tutsi. Au matin il dit au rédacteur en chef de la radio qu'il avait failli être tué. « Fais le bulletin d'information et peut-être croiront-ils que tu es avec nous », lui proposa celui-ci.

« J'ai donc fait le bulletin de six heures et demie, mais je ne pouvais pas continuer comme ça. » Il téléphona à diverses ambassades, mais elles avaient toutes été évacuées. Il essaya ensuite l'Hôtel des Mille-Collines : « Le gars de la réception a reconnu ma voix et m'a dit : "Thomas ! tu es encore vivant. C'est incroyable. Nous étions tous persuadés que tu étais mort." Et il a ajouté : "Si tu pouvais arriver jusqu'ici, tu aurais des chances de t'en tirer." » Comme il était interdit de circuler en voiture sans escorte ou papiers, Thomas persuada un soldat de le conduire. Et bien qu'il se fût présenté à l'hôtel sans argent, on lui donna une chambre. « Lorsque des gens arrivaient, nous leur disions que nous verrions plus tard pour l'argent », m'avait effectivement expliqué un employé de l'hôtel. Le soir de son arrivée aux Mille-Collines, le téléphone sonna dans la chambre de Thomas. C'était un commandant de l'armée, Augustin Cyiza, qui résidait également à l'hôtel. Cyiza avait de la sympathie pour les réfugiés — il finit par déserter les FAR pour rallier le FPR — mais Thomas ne le savait pas à l'époque. Il se rendit dans la chambre de Cyiza en se disant qu'il allait être tué ou à tout le moins arrêté. Pas du tout : les deux hommes burent de la bière et discutèrent tard dans la nuit, et le lendemain Cyiza alla chercher la femme et la fille de Thomas.

La bière sauva de nombreuses vies à l'Hôtel des Mille-Collines. Comprenant que le prix des boissons ne pouvait qu'augmenter dans la ville en guerre, le directeur par intérim Paul Rusesabagina s'efforça, grâce à toutes sortes d'intermédiaires, d'assurer l'approvisionnement de l'hôtel. Ces transactions, qui portaient également sur les patates douces et le riz pour empêcher ses hôtes de mourir de faim, exigeaient de multiples négociations avec le commandement militaire, et Paul n'hésitait pas à tirer profit de ces contacts. « Je me servais de l'alcool pour corrompre les gens », me dit-il, en riant parce que ceux qu'il corrompait n'étaient autres que les chefs du Pouvoir hutu. Il entendait par là qu'il leur fournissait de l'alcool pour qu'ils ne massacrent pas les réfugiés installés sous son toit. « Je donnais des bouteilles et parfois même de l'argent. » Le général de division Augustin Bizimungu, commandant en chef des FAR, était l'un des nombreux visiteurs réguliers et importuns que Paul abreuvait copieusement de la sorte. « Tout le monde venait. J'avais ce qu'ils voulaient. Ce n'était pas mon problème. Mon problème était que personne ne soit emmené hors de mon hôtel. »

Paul est un homme robuste, affable et d'allure plutôt quelconque — un directeur de grand hôtel, après tout —, et c'est d'ailleurs ainsi qu'il semblait se considérer lui-même : comme une personne ordinaire qui n'avait rien fait d'extraordinaire en refusant de céder à la folie qui sévissait autour de lui. « Les gens sont devenus fous. Je ne sais pas pourquoi. Je n'arrêtais pas de leur déclarer : "Je ne suis pas d'accord avec ce que vous faites", aussi ouvertement que je vous le dis maintenant. J'ai l'habitude de dire non quand je le crois nécessaire. Je n'ai fait que ce que j'avais envie de faire. Parce que je ne suis jamais partisan de tuer. Je n'étais pas d'accord avec les tueurs et je le leur signifiais. » Nombre de Rwandais étaient hostiles au génocide, bien sûr, mais beaucoup surmontèrent leurs réticences pour se résoudre à tuer, tandis que d'autres, bien plus nombreux, sauvèrent simplement leur peau. Paul, lui, essaya de sauver tous ceux qu'il pouvait sauver, et si cela impliquait de négocier avec tous ceux qui voulaient les massacrer — eh bien, soit.

Un matin, peu avant l'aube, le lieutenant Apollinaire Hakizimana des renseignements militaires se présenta à la réception, et appela Paul dans sa chambre : « Je veux que vous fassiez sortir tout le monde de cet hôtel d'ici une demi-heure », lui déclara-t-il. Paul dormait, et à peine réveillé il se mit à négocier. « "Monsieur, lui ai-je répondu, savez-vous que ces gens sont des réfugiés ? Quelles garanties de sécurité leur offrez-vous ? Où vont-ils aller ? Et comment ? Qui va les emmener ?" Le lieutenant Hakizimana m'a répliqué : "Avez-vous entendu ce que j'ai dit ? Nous voulons tout le monde dehors, et dans une demi-heure. — Je suis encore au lit. Donnez-moi une demi-heure. Je prends une douche et ensuite je fais sortir tout le monde." » Paul se hâta d'appeler quelques-uns des réfugiés en qui il avait le plus confiance, et qui disposaient de relations importantes au sein du régime —

notamment François-Xavier Nsanzuwera, l'ancien procureur général du Rwanda, un Hutu qui avait enquêté sur les activités d'Hakizimana en tant que chef des escadrons de la mort du Pouvoir hutu. Paul et ses amis ameutèrent au téléphone le général Bizimungu, divers colonels et tous ceux qui, croyaient-ils, pourraient en imposer au lieutenant. La demi-heure ne s'était pas écoulée qu'une jeep de l'armée arrivait à l'hôtel et remettait à Hakizimana l'ordre de se retirer.

« Ils ont fait partir ce gars », dit Paul. Puis il s'interrompit un instant dans son récit, et sa perspective se déplaça vers l'extérieur, si bien que je me le représentai à sa fenêtre des Mille-Collines tandis qu'il reprenait : « Et qui y avait-il autour de nous — autour de l'enceinte de l'hôtel ? Des soldats, des *interahamwe* — équipés de fusils, de machettes et de toutes sortes d'armes. » Paul semblait vouloir ainsi se ramener à sa juste dimension. Il n'avait pas dit : « *J*'ai fait partir ce gars », mais *ils* l'ont fait partir ; et en me montrant les bataillons de tueurs massés à la grille de l'hôtel, il soulignait son propos.

Lorsque l'on discute les scénarios de la violence populaire — « nous » contre « eux » —, on invoque habituellement aujourd'hui la haine de masse. Mais si la haine peut animer les gens, elle recourt à la faiblesse. Les « auteurs » du génocide, ainsi que les qualifient les Rwandais, comprenaient que, pour entraîner un nombre énorme de faibles à faire le mal, il faut en appeler à leur désir de force — et la force sinistre qui meut vraiment les gens, c'est le pouvoir. La haine et le pouvoir sont tous deux, à leur manière, des passions. La différence, c'est que la haine est purement négative, alors que le pouvoir est essentiellement positif : on s'abandonne à la haine, tandis que l'on aspire au pouvoir. Au Rwanda, l'orgie de pouvoir dévoyé qui mena au génocide s'effectua au nom de l'identité hutue, et lorsque Paul, un Hutu, entreprit de défier les tueurs, ce fut à leur passion pour le pouvoir qu'il fit appel : *eux* qui avaient choisi de prendre la vie des autres pouvaient aussi décider de les laisser vivre.

Après avoir entendu annoncer leur mort à la radio, Odette et les siens se terrèrent chez eux : « Nous n'allumions jamais la lumière et ne répondions jamais au téléphone, sauf après un signal convenu avec nos amis — sonner une fois, raccrocher et sonner de nouveau. » Deux semaines s'écoulèrent ainsi. Puis Paul appela des Mille-Collines. C'était un vieil ami, et il vérifiait qui était encore en vie, pour pouvoir les sauver. « Il a dit qu'il envoyait Froduald Karamira nous chercher, se souvient Odette. J'ai répondu : "Non, je ne veux pas le voir. S'il vient, il nous tuera." Mais Paul était comme ça. Il a maintenu le contact avec des gens de ce genre jusqu'au dernier moment. » Paul ne s'en excusait pas : « Bien sûr que je parlais à Karamira, me dit-il. Je lui parlais parce que tout le monde venait aux Mille-Collines. J'avais mon stock d'alcool, et j'avais des tas de contacts, et je les envoyais chercher des gens pour qu'ils les ramènent aux Mille-Collines. Odette, Jean-Baptiste et leurs enfants n'ont pas été les seuls à être sauvés ainsi. Il y en a eu beaucoup d'autres. »

sauver de leur maison Paul seule Odette

Le 27 avril, un lieutenant se présenta chez Odette pour transporter toute la famille à l'hôtel dans sa jeep. Même un officier de l'armée risquait d'être arrêté par les *interahamwe* et de devoir leur remettre ses passagers. Ils décidèrent donc de faire trois voyages. Odette partit la première. « Dans les rues, dit-elle, il y avait des barrières, des machettes, des cadavres. Mais je ne voulais pas regarder. Je n'ai pas vu un seul cadavre pendant toute cette période, sauf dans la rivière. Quand nous étions dans les marais, mon fils m'a demandé : "Qu'est-ce que c'est, maman ?" Je lui ai répondu que c'étaient des statues tombées dans la rivière et qui flottaient au fil de l'eau. Je ne sais pas pourquoi je lui ai raconté ça. Et il m'a dit : "Non, ce sont des cadavres." »

En arrivant à l'hôtel, Odette et le lieutenant se heurtèrent à un barrage qui bloquait la grille — naturellement pas pour protéger les réfugiés installés aux Mille-Collines, mais pour empêcher de nouveaux fuyards de s'y abriter. Elle tendit une poignée de cachets d'aspirine et de quinine, et expliqua qu'elle était médecin et venait soigner les enfants du directeur. « Habituellement, me dit-elle, je ne bois pas, mais quand je suis entrée dans l'hôtel, j'ai demandé une bière. J'en ai bu un petit verre, qui m'a complètement soûlée. »

Le lieutenant repartit chercher les enfants d'Odette, et sur le chemin de l'hôtel ils durent s'arrêter à un barrage. Les miliciens demandèrent aux enfants : « Si vos parents ne sont pas morts ou tutsi, pourquoi n'êtes-vous pas avec eux ? » Sans hésiter un instant, le fils d'Odette répliqua : « Mon père est de permanence à un barrage routier et ma mère travaille à l'hôpital. » Mais les tueurs ne se laissèrent pas convaincre. Au bout de deux heures d'une discussion très tendue, une voiture arriva, à bord de laquelle se trouvait Georges Rutaganda, premier vice-président des *interahamwe* et membre du comité central du MRND. Rutaganda reconnut les enfants, du temps où Odette et Jean-Baptiste fréquentaient les mêmes milieux que lui, et un instant du moins son âme atrophiée l'incita à se montrer magnanime. « Il dit aux *interahamwe* qui retenaient les enfants, me raconta Odette : "Vous n'écoutez donc pas la radio ? Les Français ont dit que si nous ne cessions pas de tuer les enfants, ils cesseraient de nous armer et de nous aider." Puis il a ajouté : "Les gosses, remontez dans cette voiture et partez." »

Rutaganda avait donc violé le huitième « commandement hutu » en ayant pitié des enfants d'Odette, mais celle-ci n'en éprouvait aucune tendresse pour lui. Nombre de participants aux massacres — responsables administratifs, soldats, miliciens ou simples citoyens génocides — avaient aussi protégé quelques Tutsi, que ce fût par sympathie personnelle ou en échange de faveurs financières ou sexuelles. Il n'était pas inhabituel qu'un homme ou une femme qui se livrait régulièrement à des massacres cachât quelques Tutsi à la maison. Par la suite, ces gens-là prétendirent parfois qu'ils s'étaient résignés à commettre des meurtres pour que leurs protégés ne soient pas démasqués. Ils estimaient apparemment que leurs actes d'humanité les exonéraient de tout crime. Mais aux yeux des survivants, qu'un tueur eût parfois épargné des vies prouvait simplement qu'il ne pouvait être jugé innocent, son attitude démontrant sans conteste qu'il savait que ces meurtres étaient criminels.

« Que la personne qui a décapité ma sœur ait sa sentence réduite ? Non ! me dit Odette. Même ce monsieur Rutaganda, qui a sauvé mes enfants, devrait être pendu sur la place publique, et j'irai assister à son exécution. » Les enfants arrivèrent en larmes à l'hôtel. Jusqu'au lieutenant qui pleurait. Odette eut toutes les peines du monde à le convaincre de repartir une dernière fois pour chercher Jean-Baptiste et leur fils adoptif mulâtre. « Les mulâtres, expliqua Odette, étaient considérés comme des enfants de Tutsi et de Belges. »

Le 8 commandement hutu »

Religion

10

Paul Rusesabagina se rappela qu'en 1987 l'Hôtel des Mille-Collines avait fait l'acquisition de son premier appareil de télécopie, couplé à une ligne téléphonique auxiliaire. À la mi-avril 1994, lorsque le gouvernement coupa les lignes extérieures de l'hôtel, Paul découvrit que — « miraculeusement », dit-il — la vieille ligne du fax avait toujours la tonalité. Ce téléphone, estimait-il, avait été sa plus grande arme dans sa campagne pour la protection de ses hôtes. « Nous pouvions appeler le roi de Belgique. Je pouvais joindre sans délai le ministère français des Affaires étrangères. Nous avons envoyé de nombreuses télécopies à Bill Clinton lui-même à la Maison-Blanche. » En règle générale, dit-il, jusqu'à quatre heures du matin « j'envoyais des fax, je téléphonais, j'ameutais le monde entier ».

Les dirigeants du Pouvoir hutu à Kigali savaient que Paul avait un téléphone, mais « ils ne connaissaient pas mon numéro, et ne savaient donc pas comment le couper ; ils avaient d'ailleurs bien d'autres soucis ». S'il protégeait soigneusement sa ligne, Paul la prêtait aux réfugiés disposant de précieux contacts à l'étranger. Ainsi Odette envoyait régulièrement des télécopies à ses anciens employeurs du Corps de la paix à Washington ; et le 29 avril Thomas Kamilindi donna une interview à une radio française. « J'ai décrit comment nous vivions, sans eau — en buvant la piscine —, comment se passaient les massacres et l'offensive victorieuse du FPR. » L'entretien fut diffusé, et le lendemain matin le commandant Cyiza dit à Thomas : « Tu as déconné. Ils ont décidé de te tuer. Pars d'ici si tu peux. »

Thomas ne savait pas où aller. Il emménagea dans la chambre d'un de ses amis, et l'après-midi il apprit qu'un soldat chargé de l'assassiner était arrivé à l'hôtel. Par l'interphone il demanda à sa femme de découvrir son nom. C'était Jean-Baptiste Iradukunda, « un ami d'enfance. Je l'ai appelé et je lui ai dit "O.K., j'arrive" et je suis allé le trouver. Il m'a expliqué que le commandement militaire voulait ma mort. Je lui ai demandé qui avait décidé ça, leurs noms, et qui l'avait envoyé. Il a hésité. Puis il a répondu : "Je ne sais pas qui va te tuer. Moi, je ne peux pas. Je vais quitter l'hôtel, mais il est certain qu'ils enverront quelqu'un d'autre pour le faire."

« Personne d'autre n'est venu, me dit Thomas. La situation s'est normalisée. Je suis ressorti dans les couloirs au bout d'un certain temps et on n'a pas bougé. »

Quand j'interrogeai Paul sur les ennuis de Thomas, il éclata de rire : « Cette interview n'a pas été bonne pour les réfugiés. » Puis il ajouta : « *Ils* voulaient le faire sortir, mais j'ai refusé. »

Comment avait-il fait ? Pourquoi avaient-*ils* tenu compte de son refus ?

« Je ne sais pas, répondit-il en riant de nouveau. Je ne sais pas. Mais j'ai refusé tant de choses. »

Entre-temps, dans tout le Rwanda : le massacre, le massacre, le massacre, le massacre, le massacre, le massacre, le massacre...

Prenez la meilleure estimation : huit cent mille tués en une centaine de jours. Trois cent trente-trois meurtres à l'heure, cinq vies et demie tranchées net à chaque minute. Songez aussi que la plupart de ces assassinats eurent lieu pendant les trois ou quatre premières semaines, et ajoutez au bilan des morts les légions non recensées de mutilés qui ne périrent pas de leurs blessures, ainsi que le viol systématique et en série des femmes tutsies — et vous comprendrez mieux ce que signifie le fait que l'Hôtel des Mille-Collines fut le seul endroit du Rwanda où un millier de personnes vouées au massacre se regroupèrent et, comme Paul le dit très paisiblement : « Personne ne fut tué. Personne ne fut emmené. Personne ne fut battu. »

En bas de la colline où se trouve l'hôtel, dans sa cachette de l'église de la Sainte-Famille, Bonaventure disposait d'un poste de radio, et à l'écoute de RTLM il pouvait se rendre compte de la vitesse à laquelle se déroulait l'extermination. Il entendait les présentateurs encourager gentiment leurs auditeurs à ne pas laisser un seul charnier à demi rempli, et, sur un ton plus urgent, inviter les massacreurs à se rendre ici ou là, où les bras manquaient pour achever telle ou telle besogne. Il écoutait les discours des potentats du Pouvoir hutu, qui sillonnaient le pays pour engager la population à redoubler d'efforts. Et il se demandait dans combien de temps le massacre lent mais régulier de ses compagnons de refuge allait le rattraper. Puis, le 29 avril, RTLM proclama que le 5 mai serait le jour du « grand nettoyage », de l'élimination finale de tous les Tutsi de Kigali.

« Kigali était littéralement un no man's land », se souvenait le médecin canadien James Orbinski, l'un des quelque quinze membres d'organisations d'assistance internationale encore dans la capitale rwandaise. « Il n'y avait plus de vivant que le vent, en dehors des barrages routiers, et il y en avait partout. Les *interahamwe* étaient terrifiants, ivres de sang et d'alcool — ils dansaient comme des fous aux barrages. Les gens qui conduisaient des parents aux hôpitaux ou aux orphelinats mettaient des jours à parcourir trois ou quatre kilomètres. » Pourtant les hôpitaux n'avaient rien d'un abri sûr. Lorsqu'il visita celui où Odette et Jean-Baptiste avaient travaillé, il le trouva jonché de cadavres. Un jour qu'il se rendait dans un orphelinat dans l'espoir d'en évacuer les enfants, il se heurta à un officier rwandais qui lui déclara : « Ce sont des prisonniers de guerre, des insectes en ce qui me concerne, et ils seront écrabouillés comme des insectes. »

À la fin d'avril, la ville était coupée de part et d'autre de la vallée principale : à l'est, où Orbinski était basé, le FPR faisait la loi, tandis qu'à l'ouest c'était toujours le gouvernement. La MINUAR et les rares membres des ONG encore présents à Kigali, comme Orbinski, passaient des heures chaque jour à négocier des échanges de prisonniers, de réfugiés et de blessés, de part et d'autre de la ligne de démarcation. Avec un succès extrêmement limité : « J'allais quotidiennement à la Sainte-Famille pour apporter des fournitures médicales, établir des listes, me dit Orbinski. Et quand je revenais le lendemain, il y avait vingt, quarante morts de plus. »

Quand Paul m'avait raconté comment il s'était servi de son téléphone aux Mille-Collines pour attirer l'attention de la communauté internationale sur le sort de ses hôtes, il avait ajouté : « La Sainte-Famille avait aussi une ligne téléphonique en état de marche, et ce prêtre, le père Wenceslas, ne s'en est jamais servi. C'est insensé ! »

Le téléphone de l'église fonctionnait effectivement. Même Bonaventure Nyibizi, du fond de sa cachette, était au courant, si bien qu'un jour de la mi-mai il était sorti discrètement de son abri pour appeler au secours : « J'ai téléphoné à Washington, le siège de l'USAID. Ils m'ont dit : "Vous connaissez la situation. Dès que vous aurez l'occasion de partir, prenez contact avec la mission la plus proche." » Un message pas très encourageant, mais pour Bonaventure établir un contact et se dire que d'autres savaient qu'il était vivant et où il se trouvait était un réconfort.

Pourquoi le père Wenceslas n'avait-il pas lancé d'appels semblables ? Pourquoi plus de gens n'avaient-ils pas agi comme Paul ? « C'est un mystère, me dit

August

Paul. Tout le monde aurait pu en faire autant. Mais, par exemple, Wenceslas portait un pistolet, et pourtant c'était un prêtre. Je ne peux affirmer qu'il ait tué quelqu'un. Je ne l'ai jamais vu tuer. Mais je l'ai vu avec un pistolet. Un jour il est venu me trouver dans ma chambre. Il a parlé de ce qui se passait dans le pays, du fait que des gens tiraient depuis la Sainte-Famille — de son église ! —, des soldats en automitrailleuse. Il m'a dit qu'il leur donnait de l'alcool *parce qu'*ils avaient tué des gens. Je lui ai répondu que je n'étais pas d'accord. Et ma femme a ajouté : "Monsieur l'abbé, au lieu de brandir votre Bible, pourquoi portez-vous un pistolet ? Pourquoi ne déposez-vous pas votre arme ? Un prêtre ne devrait pas se promener en blue-jean et en tee-shirt avec un pistolet à la ceinture." »

Odette me raconta ensuite la même histoire et ajouta que le père Wenceslas avait répliqué : « Chaque chose en son temps. C'est aujourd'hui le moment du pistolet et non de la Bible. »

Paul se rappelait la conversation autrement. D'après lui, le père Wenceslas aurait déclaré : « Ils ont déjà tué cinquante-neuf prêtres. Je ne veux pas être le soixantième. » Et Paul lui avait rétorqué : « Si quelqu'un vous tire dessus maintenant, croyez-vous que votre pistolet vous empêchera de mourir ? »

Après le génocide, Wenceslas s'enfuit avec l'aide de missionnaires français pour se réfugier dans un village du sud de la France, où on lui confia des responsabilités pastorales. Arrêté et inculpé en juillet 1995 par la justice française de crime contre l'humanité à Kigali, après avoir passé quinze jours en prison, il était relaxé pour vice de forme et retrouvait son ministère. En janvier 1998, la Cour de cassation décidait qu'il pouvait être poursuivi en fin de compte. Entre autres chefs d'inculpation, il était accusé d'avoir fourni aux tueurs des listes des Tutsi terrés dans son église, d'avoir expulsé des réfugiés de leurs cachettes pour qu'ils se fassent tuer, d'avoir assisté à des massacres sans intervenir, d'avoir saboté les efforts de la MINUAR pour évacuer des gens de son église, et d'avoir contraint des jeunes réfugiées à avoir des relations sexuelles avec lui. En 1995, un journaliste français et un Rwandais dont la mère et les sœurs avaient trouvé asile à la Sainte-Famille lui demandèrent s'il regrettait ce qu'il avait fait pendant le génocide. « Je n'avais pas le choix, répondit Wenceslas. Il fallait donner l'impression d'être partisan des miliciens. Si j'avais eu une attitude différente, nous aurions tous disparu. »

La dernière apparition connue de la Vierge Marie sur la colline de Kibeho se produisit le 15 mai 1994, à un moment où l'on traquait encore les quelques survivants tutsi de la paroisse. Au cours des mois précédents, des milliers de Tutsi avaient été exterminés à Kibeho. Le plus important massacre avait eu lieu dans l'église, et il s'était prolongé plusieurs jours, jusqu'à ce que les tueurs, fatigués de travailler à la main, incendient le bâtiment, immolant les vivants et les morts. Les jours précédents, le père Pierre Ngoga, un des prêtres de la paroisse, avait été tué en essayant de protéger les réfugiés, tandis que, selon les témoignages des survivants, un de ses collègues, le père

Thadée Rusingizandekwe, dirigeait plusieurs attaques des *interahamwe*. Vêtu, comme les autres miliciens, d'un pagne en feuilles de bananier, le père Thadée était armé d'un fusil et tira dans la foule.

La hiérarchie de l'Église étant ainsi divisée, l'apparition du 15 mai offrait une réponse théologique à la question du génocide. Les paroles exactes attribuées à la Sainte Mère par la visionnaire Valentine Nyiramuzika n'ont pas été conservées, mais Radio Rwanda avait diffusé le message à l'époque, et, me rapportèrent nombre de prêtres et de journalistes rwandais — dont Thomas Kamilindi, qui l'entendit à l'Hôtel des Mille-Collines —, elle aurait dit que le président Habyarimana était avec elle au Paradis, paroles généralement interprétées comme l'expression du soutien divin au génocide.

L'évêque de Gikongoro, Mgr Augustin Misago, auteur d'un livre sur les apparitions de Kibeho, m'assura que la suggestion de Valentine, selon laquelle « le meurtre de Tutsi était approuvé par le Ciel », lui parut absolument « impossible — un message préparé par les politiciens ». Les dignitaires de l'Église ne manquèrent pas néanmoins de prendre politiquement parti pendant les massacres. Du reste, l'évêque Misago passait généralement pour un sympathisant du Pouvoir hutu ; il avait été accusé publiquement d'interdire aux Tutsi l'accès aux lieux d'asile, d'avoir critiqué les membres du clergé qui aidaient les « cafards », et d'avoir demandé à un émissaire du Vatican en visite au Rwanda en juin 1994 de prier le pape « de trouver des pays d'accueil pour les prêtres tutsi, parce que le peuple rwandais ne voulait plus d'eux ». Qui plus est, le 4 mai, peu avant la dernière apparition de la Vierge, l'évêque s'était présenté à Kibeho avec une escouade de policiers et avait dit à un groupe de quatre-vingt-dix écoliers tutsi, retenus prisonniers en attendant la mort, de ne pas s'inquiéter parce que la police les protégerait. Trois jours après, les policiers participaient au massacre de quatre-vingt-deux de ces enfants.

Mgr Misago était un homme robuste, imposant. Un portrait de lui — en longue soutane violette, tenue qu'il portait le jour de notre entretien — pendait, auprès d'un portrait beaucoup plus petit du pape, au mur de la pièce où il me reçut à l'évêché. Quelques minutes après mon arrivée, un gros orage éclata. La pièce s'assombrit tandis que la soutane de l'évêque semblait s'éclairer et que sa voix tonnait pour tenter de couvrir le crépitement de la pluie sur le toit de tôle. Il avait l'air ravi de crier. Ma visite ne lui plaisait pas du tout — j'étais venu sans rendez-vous, avec un carnet de notes —, et sa conversation s'accompagnait de force gesticulations, quand il ne feuilletait pas à la hâte un petit agenda de poche sans le regarder. Il avait la fâcheuse manie d'éclater d'un « Ha-ha-ha ! » nerveux et sonore chaque fois qu'il mentionnait une situation embarrassante — un massacre, par exemple.

« Que pouvais-je faire ? » dit-il quand je l'interrogeai sur les quatre-vingt-deux écoliers tutsi tués à Kibeho. Il s'était rendu à Kibeho avec le commandant de la police du Gigonkoro « pour voir comment rétablir l'ordre et l'unité ». Il était bien obligé de collaborer avec les autorités : « Je n'ai pas d'armée. Que pouvais-je faire tout seul ? Rien. C'est de la logique élémentaire. » Il lui avait paru que la protection des écoliers tutsi de Kibeho laissait à désirer. « La conclusion s'imposait donc qu'il fallait augmenter le nombre de policiers. Avant il n'y en avait que cinq, alors ils en ont envoyé une vingtaine de plus. »

L'évêque éclata de rire. « Nous sommes retournés à Gikongoro, certains que la situation s'améliorerait. Mais le malheur a voulu que plusieurs de ces policiers soient complices des *interahamwe*. Je ne pouvais pas le savoir. C'était l'armée qui prenait ces décisions. Le directeur de l'école est venu à Gikongoro expliquer ce qui se passait et demander que soit changée l'équipe de policiers, et quand il est rentré il a découvert que le massacre avait eu lieu. Vous saisissez ? Ha-ha-ha ! D'abord, nous avons été mal informés, et ensuite nous avons été dans l'incapacité de régler la situation. Vous êtes adulte, et vous comprenez bien qu'on n'imagine pas que des gens puissent tuer des enfants. »

Il me semblait plutôt qu'à la quatrième semaine du génocide aucun Rwandais adulte ne pouvait imaginer que la police défendrait sérieusement des Tutsi. L'évêque répéta qu'il était impuissant. « Mais vous — vous, les Occidentaux —, vous êtes partis en nous abandonnant tous. Même le nonce est parti, le 10 avril. Ce n'est pas le pauvre évêque de Gigonkoro…

— Mais vous étiez encore un personnage influent.

— Non, non, non. C'est une illusion. Ha-ha-ha ! Quand les hommes deviennent des démons et que vous n'avez pas d'armée, que pouvez-vous faire ? Toutes les voies étaient périlleuses. Alors quelle influence pouvais-je avoir ? Même l'Église — nous ne sommes pas des extraterrestres capables de prévoir les choses. Nous souffrions d'un manque d'information. Quand on est mal informé, on hésite à prendre position. Et il y avait une vigoureuse désinformation officielle. En tant que journaliste, quand vous n'êtes pas sûr, vous ne publiez pas — vous allez vérifier. Les accusations générales contre l'Église ne sont pas scientifiques. C'est de la propagande idéologique. »

S'il ne niait pas vraiment avoir commis une bourde majeure à Kibeho, l'évêque ne semblait pas croire que ce fût un crime ; et bien qu'il se dît « embarrassé » de s'être laissé abuser par la propagande officielle, il ne manifestait pas le moindre remords. Il voulait qu'on le prît pour la victime de la même tromperie qui avait abouti au massacre de quatre-vingt-deux enfants. Si je le comprenais bien, il n'avait été qu'un homme profondément ignorant dupé par des démons. Peut-être. Mais il était curieux qu'il traitât mes questions sur son commerce avec ces démons comme une attaque contre l'Église catholique en tant qu'institution ; et quand je l'interrogeai sur l'Église, ce qu'il me répondit ne pouvait guère passer pour une défense recevable.

« À ma connaissance, me dit-il, aucun responsable de l'Église n'a déclaré publiquement qu'il se passait quoi que ce soit d'inacceptable. Mgr Vincent Nsengiyumva, le vieil archevêque de Kigali, est le meilleur exemple. Il ne faisait pas mystère de son amitié avec le président Habyarimana. Naturellement, les autres évêques et le reste du clergé n'approuvaient pas. Mais, vous savez, la société profane de l'Occident aime beaucoup faire des discours à la presse, au cinéma et à la télévision, alors que nous avons coutume d'agir secrètement et discrètement, sans tambour ni trompette. Si nous nous étions exprimés, on aurait risqué de nous prendre pour des hérétiques. »

Il est vrai que s'opposer au Pouvoir hutu aurait passé pour une hérésie aux yeux de nombreux Rwandais. Mais, semblant regretter ses propos, Mgr Misago ajouta quelques minutes après : « J'étais fatigué quand vous êtes arrivé. J'allais m'étendre. Un peu fatigué et un peu agité. Ça a pu colorer mes réponses. Et puis, vous posez de ces questions ! »

Sans doute Mgr Misago n'avait-il pas agi aussi criminellement que le père Wenceslas. J'étais néanmoins surpris qu'un homme ayant sa réputation fût resté au Rwanda après le génocide : un certain nombre de prêtres avaient en effet été arrêtés pour leur conduite en 1994. Un responsable du ministère rwandais de la Justice me confia d'ailleurs que Mgr Misago méritait nettement d'être inculpé. Mais, ajouta-t-il, « le Vatican est trop puissant, et trop peu disposé à s'excuser, pour que nous nous en prenions aux évêques. N'avez-vous pas entendu parler de l'infaillibilité ? ».

Lors d'une de ses visites à l'Hôtel des Mille-Collines, le père Wenceslas avait invité Paul Rusesabagina à venir prendre un verre avec lui à l'église de la Sainte-Famille. Mais Paul ne quittait jamais l'hôtel, et de cela même le père Wenceslas aurait dû lui être reconnaissant, parce qu'il lui avait confié la sauvegarde de sa re mère. En fait, nombre d'affidés du Pouvoir u avaient installé leurs épouses tutsies aux Mille-Collines, et si la présence de ces dernières contribuait assurément à la sécurité générale de l'hôtel, Paul trouvait cela consternant : « Wenceslas savait qu'il n'était même pas capable de protéger sa propre mère. Et il était si arrogant qu'en l'amenant il m'a dit : "Paul, je vous remets mon cafard." Vous imaginez ? Il parlait de sa mère. Elle était tutsie. »

Wenceslas « n'était qu'un — comment dites-vous ? — un bâtard. Il ne connaissait pas son père ». Mais qu'est-ce que ça explique ? Des tas de gens qui se sont conduits aussi mal ou pis que Wenceslas avaient un père et n'auraient jamais traité leur mère de cafard, tandis que bien d'autres ayant souffert de leurs origines ne devenaient pas des criminels sanguinaires. Les faiblesses de Wenceslas ne m'intéressaient pas ; je voulais savoir ce qui avait rendu Paul fort — et il ne pouvait me le dire. « Je n'étais pas vraiment fort. Pas du tout. Mais peut-être me suis-je servi de moyens différents, que d'autres ne voulaient pas utiliser. » Ce n'est que plus tard — « quand on s'est mis à parler de ce temps-là » — qu'il se rendit compte qu'il avait été une exception. « Pendant le génocide, je ne le savais pas. J'imaginais que beaucoup de gens faisaient comme moi, parce que je savais que s'ils le voulaient ils le pouvaient. »

Paul croyait au libre arbitre. Il considérait ses actions pendant le génocide de la même manière que celles des autres : comme des choix. Il ne semblait pas se prendre pour un juste, sinon par rapport à la criminalité de certains, et il rejetait cette échelle. Paul

libre arbitre

des choix

avait voué toutes ses multiples énergies à éviter la mort — la sienne et celle des autres —, mais ce qu'il redoutait plus encore qu'une fin violente, c'était de vivre ou mourir comme un « imbécile ». Dans cette perspective, le choix de tuer ou d'être tué se traduisait par ces questions : tuer pour quoi ? être tué comme quoi ? — et ne posait pas de dilemme particulier.

Ce qui troublait Paul, c'était que tant de ses compatriotes aient choisi l'inhumanité. « Ce fut plus qu'une surprise, me dit-il. Une déception. J'ai été déçu par la plupart de mes amis, qui ont immédiatement changé avec ce génocide. Je les considérais simplement comme des gentlemen, et quand je les ai vus avec les tueurs, j'ai été déçu. J'ai encore quelques amis en qui j'ai confiance. Mais le génocide a transformé tant de choses — en moi-même, mon propre comportement. J'aimais sortir, me sentir libre. J'allais prendre un verre avec n'importe qui. Mais plus maintenant. »

Paul avait donc une rare conscience morale, et souffrait de la solitude qui l'accompagne, mais la modestie avec laquelle il jugeait ses efforts en faveur des réfugiés des Mille-Collines n'avait rien de faux. Il ne les avait pas sauvés et n'aurait pu les sauver — pas au bout du compte. Armé simplement de sa réserve d'alcool, d'une ligne téléphonique, d'une adresse célèbre dans le monde entier et de son esprit de résistance, il s'était contenté d'assurer leur protection jusqu'à ce que quelqu'un d'autre vînt les sauver.

C'est le 3 mai que la MINUAR tenta la première évacuation importante de l'hôtel. Ce jour-là, des camions vinrent chercher soixante-deux réfugiés — dont Thomas —, à qui la Belgique accordait l'asile, pour les conduire à l'aéroport. Mais tandis que les heureux élus montaient à bord des camions, des espions du gouvernement envahirent le parking pour noter le nom des personnes évacuées, tandis que RTLM lançait l'ordre de bloquer le convoi. À environ un kilomètre et demi de l'hôtel, une foule toujours plus nombreuse d'*interahamwe* et de soldats immobilisèrent les camions à un barrage routier. Ils obligèrent les réfugiés à descendre, en frappèrent certains. Des *interahamwe* munis de postes de radio écoutaient sur RTLM la liste des fuyards et rouaient de coups les plus connus. L'ancien ministre de la Justice, François-Xavier Nsanzuwera, s'attira tout particulièrement leur vindicte : ils le jetèrent sur la chaussée à coups de crosse de fusil et tirèrent ensuite plusieurs coups de feu sur lui, qui gisait à terre, la tête ensanglantée. S'ils le manquèrent, la foule, de plus en plus excitée, commençait à vouloir massacrer les fuyards. Les officiers de l'armée rwandaise s'interposèrent mais sans autoriser le convoi à repartir. J'ai souvent entendu raconter les longues heures que les réfugiés passèrent au barrage, mais personne n'a pu m'expliquer clairement pourquoi, en fin de compte, le convoi fut autorisé à regagner l'hôtel. Et Odette passa la soirée à recoudre les blessures à l'aide d'une trousse de couture.

Douze jours après, un officier des renseignements militaires se présenta à l'hôtel pour annoncer à Paul que tous les résidents seraient massacrés cette nuit-là. Pas question de compter sur l'aide de la MINUAR.

Une fois de plus, Paul alerta toutes ses relations, au gouvernement et à l'étranger, et demanda à tous les réfugiés connaissant des gens importants d'en faire autant. Paul se souvient d'avoir parlé à Paris avec un directeur général du ministère des Affaires étrangères, et de lui avoir déclaré : « Monsieur, si vous voulez que ces gens soient sauvés, ils seront sauvés. Mais si vous voulez qu'ils meurent, ils vont mourir aujourd'hui, et vous les Français paierez d'une manière ou d'une autre pour les gens qui seront tués aujourd'hui dans cet hôtel. » Presque aussitôt après cette conversation, le général Bizimungu, du haut commandement des FAR, et le général Dallaire, de la MINUAR, venaient lui assurer que l'hôtel ne serait pas touché.

Paul avait fait l'effort, mais la décision de vie ou de mort dépendait, comme toujours, des tueurs et, de manière éclatante dans ce cas, de leurs patrons français. Cette nuit-là, une balle pulvérisa une fenêtre de l'hôtel, comme pour signifier que la main de la mort n'était que provisoirement écartée. Mais la bataille de Kigali faisait désormais rage, et l'hôtel, à l'instar d'autres « refuges » notoires comme l'église de la Sainte-Famille, servait désormais de monnaie d'échange. Le FPR détenait des milliers de prisonniers gouvernementaux dans un stade de l'autre côté de la ville, et le haut commandement FPR proposa le genre de marché que le Pouvoir hutu pouvait comprendre : vous tuez ceux-là et nous tuerons ceux-ci. Un échange sur le front fut négocié avec la médiation de la MINUAR, qui fournit en outre les moyens de transport, et l'on rapporta généralement à l'époque que c'étaient les Nations unies qui avaient sauvé les réfugiés. La vérité, c'est qu'ils furent sauvés par la menace du FPR de tuer ses otages.

L'évacuation s'effectua lentement, camion par camion, jour après jour. Il y eut bien des jours où pas un seul camion ne roula. Et au moment même où quelques réfugiés étaient évacués en lieu sûr, les massacres se poursuivaient à la Sainte-Famille et ailleurs dans Kigali. Le 17 juin, alors qu'il ne restait plus qu'une poignée de résidents aux Mille-Collines, Paul alla chercher de l'alcool pour le général Bizimungu à l'Hôtel des Diplomates. En revenant aux Mille-Collines, il découvrit qu'une bande d'*interahamwe* avait forcé la porte de la suite où il habitait avec sa famille. Sa femme et ses enfants se terraient dans la salle de bains, tandis que les miliciens dévastaient le salon. Paul se heurta dans le couloir à quelques-uns d'entre eux. « Ils m'ont demandé : "Où est le directeur ?" J'étais en jean et tee-shirt, et ils s'imaginent qu'un directeur porte toujours une cravate. Alors j'ai dit : "Le directeur ? Vous ne l'avez pas croisé ? — Non, où est-il ? — Il est parti par là", et je suis allé dans l'autre direction. J'en ai rencontré d'autres dans l'escalier, et ils m'ont demandé : "Où est le directeur ?" » Paul rit. Cette fois encore, il les envoya dans la direction opposée. Puis il se mit à la recherche du général Bizimungu, qui attendait son bakchich — l'alcool des Diplomates. Le général donna aussitôt ordre à l'un de ses sergents de chasser les *interahamwe*. D'après Paul, Bizimungu déclara : « Va dire à ces miliciens que s'ils tuent quelqu'un, je les tuerai. Si seulement ils battent quelqu'un, je les tuerai. Et s'ils sont encore dans cet hôtel dans cinq minutes, je tire. »

Le lendemain, Paul et sa famille gagnaient la zone FPR à bord d'un convoi de la MINUAR. Il avait fait tout son possible. Mais si le FPR n'avait pas pilonné les troupes du Pouvoir hutu depuis la colline d'en face, il n'y aurait pas eu de convoi — et probablement pas de survivants.

[...] et il se peut fort bien que nous nous retrouvions pour la plupart, nous autres gens délicats, au cœur de la bataille d'Armageddon, sans éprouver d'autre désagrément que la légère fumée d'explosions et de combats dans notre voisinage immédiat.

GEORGE ELIOT,
Daniel Deronda

11

Les nuits étaient étrangement calmes au Rwanda. Lorsque les oiseaux s'étaient tus, on n'entendait pratiquement jamais le moindre bruit d'animaux. Cela m'étonnait beaucoup. Puis je remarquai l'absence de chiens. Quel pays n'a pas de chiens ? Je me mis à les guetter sur les marchés, dans les rues, la campagne, les cimetières, les décharges et les jardins fleuris des belles villas. Une fois, au fin fond des collines, je crus avoir aperçu un petit garçon qui tenait un chien en laisse sur un chemin de terre. Mais c'était une chèvre au bout d'une corde. Des villages sans chiens ? Des enfants sans chiens ? La pauvreté sans chiens ? Il y avait plein de chats, en revanche — les premiers animaux familiers à disparaître lors d'une famine, mais la famine n'était pas le problème du Rwanda —, et je commençai à me demander si, au Rwanda, les chats avaient remporté leur guerre éternelle contre la gent canine.

Les trois premiers mois que je passai dans le pays, entre mai et août 1995, je tins la liste des chiens que je voyais : à l'Hôtel des Mille-Collines, les deux caniches nains d'une dame belge qui trottaient à côté d'elle lors de ses promenades matinales dans le jardin autour de la piscine ; le golden retriever grassouillet de la propriétaire française d'un coopérant hollandais que je connaissais ; une équipe de démineurs américains et belges se faisait aider de quelques bergers allemands ; et une fois je vis une chienne efflanquée ronger des arêtes de poisson derrière un restaurant à Gisenyi dans le Nord-Est, mais peut-être venait-elle de l'autre côté de la frontière zaïroise, à quelques centaines de mètres de là. D'ailleurs, dès qu'un cuisinier l'aperçut, il la chassa à grands cris et la frappa d'une longue cuiller en bois. À en juger par cette liste, vous pourriez en conclure que posséder des chiens correspondait à la couleur de la peau : les Blancs avaient des chiens mais pas les Noirs. En général, pourtant, les Africains aiment autant les chiens que le reste de l'humanité. L'absence presque totale de ces animaux au Rwanda me rendait donc très perplexe.

Après enquête, j'appris que jusqu'à la fin du génocide il y avait eu abondance de chiens au Rwanda. « Beaucoup », une population « normale », me dit-on. Mais à mesure de leur progression dans le pays, depuis le Nord-Est, les combattants du FPR avaient abattu tous les chiens.

Que leur reprochait donc le FPR ? Tous ceux à qui je posai la question me donnèrent la même réponse : les chiens dévoraient les morts. « On le voit sur les films », me dit quelqu'un, et, depuis, j'ai vu plus de chiens rwandais au magnétoscope que je n'en ai jamais aperçu au Rwanda : accroupis dans la poussière rouge typique du pays, sur les tas de cadavres de cette époque, dans la position qu'ils adoptent habituellement pour se nourrir.

Une Anglaise d'une ONG médicale, me dit-on, n'avait pas supporté de voir les hommes du FPR tirer sur les chiens qui se repaissaient des cadavres encombrant une vaste salle de l'évêché de Kabgayi, qui avait servi de camp de la mort dans le centre du Rwanda. « Vous ne pouvez pas tuer les chiens ! » avait-elle crié aux soldats. Elle se trompait. Jusqu'aux casques bleus de la MINUAR qui abattaient les chiens à vue à la fin de l'été 1994. Après s'être demandé des mois durant si les troupes de l'ONU savaient tirer, puisqu'elles ne se servaient jamais de leurs excellentes armes pour empêcher le massacre des civils, les Rwandais découvrirent ainsi que c'étaient d'excellents tireurs.

Si la prétendue communauté internationale avait parfaitement toléré le génocide, les Nations unies considéraient les chiens nécrophages comme un grave problème de santé.

Le 11 décembre 1946, l'Assemblée générale des Nations unies faisait du génocide un crime selon le droit international. Le 9 décembre 1948, elle allait plus loin avec la résolution 260A (III), convention pour la prévention et la répression du crime de génocide, qui contraignait les « contractants » à « entreprendre de prévenir et réprimer [...] les actes commis dans l'intention de détruire, totalement ou en partie, un groupe national, ethnique, racial ou religieux ».

De même que la police nationale s'engage à prévenir et réprimer le meurtre, de même les signataires de la convention sur le génocide juraient de faire respecter l'ordre du nouveau meilleur des mondes. La rhétorique de l'utopie morale est une curieuse réponse face au génocide. Mais c'était une époque enthousiaste, juste après les procès de Nuremberg, lorsque toute l'importance de l'extermination des Juifs européens par les nazis avait été reconnue comme un fait que nul ne pouvait désormais prétendre ignorer. Les auteurs et les signataires de la convention sur le génocide savaient parfaitement qu'ils n'avaient pas participé à la Seconde Guerre mondiale pour mettre fin à l'Holocauste, mais — et souvent, comme dans le cas des États-Unis, à contrecœur — pour contenir l'agression fasciste. Pourquoi les puissances victorieuses, qui dominaient alors l'ONU beaucoup plus encore qu'aujourd'hui, s'imaginaient-elles qu'elles agiraient différemment dans l'avenir ?

Pays enclavé et misérable, grand comme la Bretagne ou la Champagne-Ardenne, et dont la population représente les deux tiers de celle de l'Île-de-France, le Rwanda est si minuscule auprès de ses voisins — le Congo, l'Ouganda et la Tanzanie — que pour être lisible son nom doit être imprimé sur la plupart des cartes à l'extérieur de ses frontières. Quant à son intérêt politique, militaire et économique pour les grandes puissances mondiales, le Rwanda pourrait aussi bien se trouver sur Mars. Encore Mars présente-t-il sans doute une plus grande importance stratégique. Mais, contrairement à Mars, le Rwanda est peuplé d'êtres humains, et lorsqu'un génocide s'y déroula, les grandes puissances mondiales laissèrent le pays se débrouiller tout seul.

Le 14 avril 1994, une semaine après le meurtre de ses dix casques bleus, la Belgique se retira de la MINUAR — exactement comme le souhaitait le Pouvoir hutu. Affligés par la lâcheté de ce massacre et par le gaspillage de leur mission, les soldats belges déchirèrent leurs bérets des Nations unies sur la piste de l'aéroport de Kigali. Une semaine plus tard, le 21 avril, le commandant de la MINUAR, le général Dallaire, déclarait qu'avec simplement cinq mille hommes bien équipés et toute liberté de combattre le Pouvoir hutu, il mettrait rapidement fin au génocide. Aucun analyste militaire n'a jamais contesté cette allégation et beaucoup l'ont confirmée. L'émetteur de RTLM formait une première cible évidente et sans danger. Pourtant, le même jour, le Conseil de sécurité de l'ONU adoptait une résolution qui réduisait de quatre-vingt-dix pour cent les forces de la MINUAR, en ne laissant sur place que deux cent soixante-dix casques bleus avec un mandat qui ne leur permettait guère que de regarder les massacres, tapis derrière leurs sacs de sable.

La désertion du Rwanda par les forces des Nations unies fut la plus grande victoire diplomatique jusqu'alors du Pouvoir hutu, et on peut l'attribuer presque exclusivement aux États-Unis. Le souvenir de la débâcle somalienne encore très frais, la Maison-Blanche venait de rédiger un document intitulé Directive de décision présidentielle n° 25 (PDD 25), qui se résumait à une liste de raisons d'éviter une participation des États-Unis dans les missions de maintien de l'ordre de l'ONU. Peu importait que les renforts et le mandat élargi que demandait Dallaire n'aient pas exigé l'envoi de troupes américaines, ou qu'il ne s'agît pas précisément de maintien de la paix mais de la prévention d'un génocide. Le « langage » — ainsi que l'appellent les stratèges de Washington — de la PDD 25 prévoyait que les États-Unis engagent les autres pays à ne pas entreprendre les missions que les Américains souhaitaient éviter. En fait, l'ambassadeur de l'administration Clinton auprès des Nations unies, Madeleine Albright, s'opposa au maintien de la troupe squelettique de deux cent soixante-dix casques bleus au Rwanda. Albright devint par la suite ministre des Affaires étrangères, largement grâce à sa réputation d'« enfant de Munich », de réfugiée tchèque du nazisme, peu disposée à l'apaisement, voire encline à dépêcher les forces américaines à l'étranger pour rappeler à l'ordre les dictateurs et les États criminels. On parle rarement d'elle à propos du Rwanda, bien que son empressement à fermer les yeux et à inciter les autres pays à en faire autant, alors que le bilan des massacres passait de quelques milliers à des dizaines puis à des centaines de milliers, ait représenté le plus misérable étiage de sa carrière publique.

Une semaine après l'amputation de la MINUAR, lorsque les ambassadeurs de Tchécoslovaquie, de Nouvelle-Zélande et d'Espagne, écœurés par les multiples témoignages du génocide en cours au Rwanda, commencèrent à réclamer le retour des casques bleus, les États-Unis exigèrent de prendre la mission en main. Mais quelle mission conduire ? Le Conseil de sécurité, où le Rwanda occupait commodément alors un siège non permanent, ne put même pas se résoudre à adopter une résolution contenant le mot « génocide ». De cette courageuse manière, mai succéda à avril. Et tandis que les dirigeants génocides du Rwanda redoublaient d'efforts pour que la nation tout entière achevât d'exterminer les derniers Tutsi survivants, le Conseil de sécurité s'apprêtait, le 13 mai, à voter une fois de plus contre le renforcement des troupes de la MINUAR. L'ambassadeur Albright fit d'abord repousser le scrutin de quatre jours, puis le Conseil de sécurité accepta d'envoyer cinq mille cinq cents hommes à la MINUAR, bien que — à la requête instante des États-Unis — très lentement.

Ainsi juin succéda à mai. À ce moment-là, un groupe de huit nations africaines excédées avaient proclamé leur intention de dépêcher une force d'intervention au Rwanda, à condition que Washington fournît cinquante transports de troupes blindés. Le gouvernement Clinton accepta, mais au lieu de prêter les véhicules aux courageux Africains, il décida de les louer quinze millions de dollars — frais de transport et pièces détachées compris — à l'ONU, à qui les États-Unis devaient pourtant des milliards de dollars en arriérés de contributions.

En mai 1994, il se trouvait que j'étais à Washington pour visiter l'US Holocaust Memorial Museum, près du National Mall, attraction touristique si populaire que la file d'attente se formait deux heures avant l'ouverture. J'attendais au milieu de la foule en essayant de lire un journal local, mais je ne pouvais détacher mes yeux d'une photographie à la une : corps qui tourbillonnaient dans l'eau, cadavres boursouflés et livides, si nombreux qu'ils s'empilaient les uns sur les autres et obstruaient la rivière. C'étaient des victimes du génocide au Rwanda, expliquait la légende. Un groupe d'employés du musée arriva pour prendre son travail. Sur leur blazer marron plusieurs portaient les insignes, vendus un dollar pièce à la boutique du musée, frappés des slogans « Souvenez-vous » et « Jamais plus ». Le musée n'avait qu'un an ; lors de son inauguration, le président Clinton l'avait présenté comme « un investissement dans un avenir sûr contre toute folie future ». Apparemment, il voulait simplement dire que les victimes d'exterminations à venir pouvaient désormais mourir paisiblement, en sachant qu'un sanctuaire existait à Washington où leurs souffrances pourraient être commémorées, mais à l'époque ces paroles semblaient riches d'une promesse plus hardie.

Au début de juin, le secrétaire général des Nations unies et même, sans doute par inadvertance, le ministre français des Affaires étrangères avaient fini par qualifier les massacres au Rwanda de « génocide ». Le haut-commissaire des Nations unies pour les droits de l'homme préférait encore la formule « possible génocide », tandis que l'administration Clinton interdisait franchement d'employer le terme génocide sans correctif. « Des actes de génocide ont pu se produire » : telle était la formulation officielle approuvée par la

Maison-Blanche. Lorsque Christine Shelley, porte-parole du département d'État, essaya le 10 juin de défendre cette contorsion sémantique au cours d'une conférence de presse, on ne manqua pas de lui demander combien il fallait d'actes de génocide pour faire un génocide. Elle n'était pas « en mesure de répondre », dit-elle, avant d'ajouter : « Ce sont des formulations que nous essayons d'employer de manière conséquente. » Pressée de définir un acte de génocide, Shelley récita la définition de la convention sur le génocide de 1948, que les États-Unis ne trouvèrent le temps de ratifier qu'en 1989, quatorze ans après le Rwanda. Une transcription du département d'État rapporte le dialogue suivant :

> Q. : Vous dites qu'il y a génocide lorsque certaines actions se produisent, et vous dites également que ces actions se produisent au Rwanda. Pourquoi ne dites-vous donc pas qu'un génocide a lieu ?
> Mrs. SHELLEY : Parce que, Alan, il y a une raison au choix des mots que nous utilisons, et j'ai — peut-être — je ne suis pas juriste. Je n'envisage pas cela du point de vue savant du droit international. Nous essayons, de notre mieux, de traduire précisément une description en abordant en particulier ce problème. C'est — le problème est là-bas. On le prend clairement en considération.

USA et le génocide

y se montra un peu plus pertinente en rejetant la qualification de génocide parce que « l'emploi de ce terme entraîne des obligations ». Elle voulait dire que s'il y avait génocide, la convention de 1948 contraignait les signataires à intervenir. Washington ne voulait pas agir, et prétendait donc que ce n'était pas un génocide. Pourtant, à supposer que l'échange ci-dessus dura environ deux minutes, quelque onze Tutsi, en moyenne, étaient exterminés entre-temps au Rwanda.

La presse et nombre de parlementaires étaient si révoltés par les échappatoires impudentes du gouvernement sur le Rwanda qu'au moment même où Shelley s'emmêlait à Washington, le secrétaire d'État Warren Christopher déclarait à des journalistes à Istanbul : « Si appeler cela un génocide a un caractère magique quelconque, je n'ai aucune hésitation à le faire. » Les conseillers de Clinton concoctèrent alors une nouvelle interprétation inventive de la convention sur le génocide : au lieu d'obliger les États signataires à empêcher le génocide, celle-ci « autorise » simplement une action préventive. C'était bien sûr un mensonge, mais en émasculant ainsi le mot « génocide », ce nouvel expédient permettait aux responsables américains de l'employer sans état d'âme. Entre-temps, les transports de troupes destinés à la force d'intervention africaine attendaient sur une piste d'atterrissage allemande, tandis que l'ONU suppliait les États-Unis de réduire les frais de location de cinq millions de dollars. Quand la Maison-Blanche consentit finalement ce rabais, il n'y avait pas d'avions de transport disponibles pour acheminer les véhicules en Afrique.

Devant les protestations constantes des Américains inquiets de la situation au Rwanda, l'administration Clinton en fut réduite à déclarer à la presse qu'elle participait à une initiative de santé publique consistant à nettoyer les rives ougandaises du lac Victoria de plus de dix mille cadavres rwandais.

Plus il s'efforçait de se laver les mains du Rwanda, plus le gouvernement américain s'enlisait dans la fange. Au même moment, la France cherchait impatiemment une occasion de sauvegarder son prestige militaire et politique au Rwanda. Il s'agissait, autrement dit, d'éviter aux héritiers du Pouvoir hutu d'Habyarimana la perspective de plus en plus probable d'une défaite totale face au redouté FPR anglophone. Paris et Kigali maintenaient des relations constantes, cordiales et souvent franchement conspiratrices. Les diplomates français et les vieux routiers de l'Afrique adoptaient généralement la position officielle du gouvernement génocide rwandais : loin d'être le fruit d'une décision politique, les massacres de Tutsi traduisaient la colère du peuple après l'assassinat d'Habyarimana ; la « population » s'était « soulevée comme un seul homme » pour se défendre ; le gouvernement et l'armée ne voulaient que rétablir l'ordre ; les tueries étaient un prolongement de la guerre contre le FPR ; le FPR avait déclenché le conflit et était le principal coupable — en bref, les Rwandais ne faisaient que s'entre-tuer comme ils en avaient l'habitude, pour des raisons tribales primordiales, depuis la nuit des temps.

Cette mystification mise à part, le génocide demeurait un fait, et bien que la France ait rarement hésité dans le passé à entreprendre des opérations militaires unilatérales et partisanes pour remettre en selle ses clients africains, le génocide rendait délicate une initiative de ce genre. La presse française ne cessait de dénoncer la complicité éclatante de ses autorités politiques et militaires dans la préparation et la mise en œuvre de toute cette boucherie. Puis, à la mi-juin, Paris eut l'idée de qualifier de mission « humanitaire » l'expédition militaire que le gouvernement méditait au Rwanda, et de la conduire sous l'égide de l'ONU, avec la participation de quelques soldats sénégalais pour donner une illusion multilatérale. Quand l'*Independent* de Londres lui demanda ce qu'il pensait de ce projet, le général Dallaire, indigné, déclara : « Je refuse tout net de répondre à cette question ! » La plupart des dirigeants africains en dehors du bloc francophone, comme le président sud-africain Nelson Mandela et l'archevêque Desmond Tutu, contestaient ouvertement les motivations de la France, tandis que le FPR déclarait inacceptable le plan de Paris. Les 16 et 18 juin dans la nuit, des cargaisons d'armes destinées au Pouvoir hutu étaient débarquées, avec la complicité de la France, à Goma, dans l'est du Zaïre, et transportées de l'autre côté de la frontière, au Rwanda. Et le 22 juin, le Conseil de sécurité — soucieux de se laver de sa honte et apparemment inconscient de la honte supplémentaire qu'il s'attirait ainsi — ratifia le déploiement « impartial » français, en lui donnant un mandat de deux mois avec l'autorisation d'utiliser les moyens offensifs systématiquement refusés à la MINUAR.

Le lendemain, les premières troupes françaises de l'opération Turquoise quittaient Goma pour s'enfoncer dans le nord-ouest du Rwanda, où les accueillirent des bandes d'*interahamwe* enthousiastes — qui chantaient, agitaient des drapeaux tricolores et brandissaient des banderoles arborant des slogans du genre : « Bienvenue aux Hutu français » —, tandis qu'un animateur de RTLM conseillait aux femmes hutues de se pomponner pour les Blancs : « C'est votre chance, maintenant que les filles tutsies sont toutes mortes. »

Le déclenchement de l'opération Turquoise n'aurait pu être mieux choisi. À la fin de mai, le massacre des Tutsi s'était ralenti parce que la plupart d'entre eux avaient déjà été exterminés. Sans doute la traque se poursuivait-elle, surtout dans les provinces occidentales de Kibuye et de Cyangugu, mais Gérard Prunier, politologue faisant partie de l'équipe qui élabora le projet d'intervention français, raconte que l'on craignait beaucoup à Paris, lorsque se préparait la mission à la mi-juin, que les soldats de l'opération Turquoise ne puissent trouver de concentrations suffisantes de Tutsi à sauver devant les caméras de télévision. Dans la plus grande partie du Rwanda, le Pouvoir hutu ne demandait plus aux masses de tuer mais de s'enfuir devant la progression du FPR. Le 28 avril — longtemps auparavant, selon le temps compressé de l'apocalypse rwandaise — quelque deux cent cinquante mille Hutu, détalant de la province de Kibungo devant l'avance du FPR, s'étaient engouffrés sur un pont menant en Tanzanie. C'était l'exode vers un pays étranger le plus considérable et le plus rapide de toute l'histoire contemporaine, et bien qu'il rassemblât des formations entières d'*interahamwe*, des unités complètes de l'armée, des conseils municipaux et les meutes de civils qui avaient jonché de cadavres l'église de Nyarubuye et le reste du Kibungo, l'ONU et les ONG accueillirent les fuyards à bras ouverts et les installèrent comme réfugiés dans d'immenses camps.

Avant même que la France ait commencé à parler d'une expédition militaire « humanitaire », le FPR contrôlait l'est du Rwanda et ses forces avançaient inexorablement vers l'ouest dans un large mouvement de tenailles au nord et au sud de Kigali. Le monde entier découvrait à mesure toute l'ampleur de l'extermination des Tutsi dans les régions libérées. Tandis que le gouvernement rwandais et RTLM prétendaient que les troupes du FPR tuaient tous les Hutu qu'elles trouvaient vivants, et que les porte-parole de l'armée française parlaient de « génocide à double sens », en qualifiant le FPR de Khmers noirs, la presse internationale avait dans l'ensemble l'impression d'une armée rebelle étonnamment disciplinée et correcte, déterminée à rétablir l'ordre. Et pour les Tutsi et les Hutu à la conscience tranquille, le meilleur espoir de salut était de rejoindre la zone du FPR, ou d'être rejoints par celle-ci.

Le FPR, qui disposait à l'époque de quelque vingt mille combattants, contraignait à la retraite une armée nationale plus de deux fois plus nombreuse, appuyée par des milices et par une foule de civils mobilisés pour l'« autodéfense ». Quiconque se souciait de la prospérité du Pouvoir hutu, comme tant de gens en France, ne pouvait que se demander ce qui avait mal tourné. La réponse la plus simple était que le régime rwandais sacrifiait son effort militaire sur le front à l'achèvement du génocide, comme l'avaient fait les Allemands pendant les derniers mois de la Seconde Guerre mondiale. Mais une dynamique plus subtile était également à l'œuvre au Rwanda. Dès le début du conflit avec le FPR en 1990, les extrémistes hutu avaient fondé leurs aspirations génocides sur une rhétorique du monde à l'envers, selon laquelle les Hutu étaient les victimes. Maintenant que le Pouvoir hutu avait accompli l'un des crimes les plus scélérats d'un siècle pourtant fertile en massacres politiques à grande échelle, la seule manière de s'en sortir était de continuer à jouer les victimes. En abandonnant le Rwanda au FPR et en poussant la population à l'exil, les chefs du Pouvoir hutu pouvaient conserver leur emprise sur leurs sujets, établir un État « réfugié » croupion dans des camps patronnés par l'ONU et prétendre que leurs pires craintes avaient été justifiées.

La France avait promis au Conseil de sécurité que son objectif au Rwanda « excluait naturellement toute ingérence dans l'évolution de l'équilibre des forces militaires entre les parties engagées dans le conflit ». Mais elles n'étaient pas arrivées depuis une semaine que, se ruant à travers le Sud-Ouest pour faire face au FPR, les troupes françaises occupaient près d'un quart du pays. À ce stade, la France réinterpréta soudain son entreprise « humanitaire » pour proclamer son intention de transformer en « zone sûre » tout le territoire qu'elle avait conquis. Le FPR ne fut pas le seul à demander : sûre pour qui ? puisque l'ancien président Valéry Giscard d'Estaing lui-même accusa l'état-major français de « protéger certains de ceux qui avaient effectué les massacres ».

Loin de perdre son temps à protester, le FPR lança une offensive générale pour limiter la zone Turquoise. Le 2 juillet il s'emparait de Butare et le 4 de Kigali, anéantissant au passage les projets du Pouvoir hutu de célébrer cette journée en organisant des funérailles solennelles au président Habyarimana et en fêtant la totale éradication des Tutsi de la capitale.

Si l'opération Turquoise se prévalut finalement d'avoir sauvé au moins dix mille Tutsi dans l'ouest du Rwanda, des milliers continuèrent de se faire massacrer dans la zone occupée par les Français. Les brigades du Pouvoir hutu drapaient leurs véhicules aux couleurs françaises pour faire sortir les Tutsi de leurs cachettes. Même lorsque de vrais soldats français trouvèrent des survivants, ils leur dirent souvent d'attendre l'arrivée de camions, et les laissèrent sur place pour découvrir au retour que les gens qu'ils avaient « sauvés » n'étaient plus que des cadavres. Dès leur arrivée et partout où elles allèrent, les troupes françaises soutinrent et maintinrent les mêmes dirigeants locaux qui avaient organisé le génocide. Alors que les États-Unis n'étaient toujours pas parvenus à livrer les transports de troupes promis aux volontaires africains de la MINUAR, les Français avaient débarqué au

Zaïre parés au combat, avec un impressionnant déploiement d'artillerie et de blindés, outre une flotte de vingt avions militaires, qui fit aussitôt d'eux la plus grande puissance aérienne en Afrique centrale. Et de même qu'ils considérèrent le régime militaire du Pouvoir hutu et ses milices comme les autorités légitimes d'un État attaqué par des rebelles, ils traitèrent ouvertement le FPR en ennemi — du moins jusqu'à la chute de Butare. Ensuite, les Français baissèrent le ton. S'ils n'allèrent pas jusqu'à reconnaître leurs torts, l'animosité méprisante avec laquelle les porte-parole de l'opération Turquoise parlaient des rebelles se transforma soudain en une sorte de respect réticent, et des rumeurs commencèrent à affirmer que le FPR avait remporté une victoire militaire directe sur la France. Quelques années après, je demandai au général Paul Kagame, l'artisan du triomphe du FPR, s'il y avait la moindre vérité dans ces allégations.

« Il y a de ça, me dit-il. C'est arrivé pendant notre marche sur Butare. Le général Dallaire de la MINUAR m'a transmis un message du général français commandant à Goma, selon lequel nous ne devions pas entrer à Butare. Ils essayaient de me dire qu'il y aurait bataille. J'ai répondu à Dallaire que je ne pouvais tolérer une telle provocation et une telle arrogance de la part des Français. Puis j'ai ordonné à mes hommes de changer de direction, de se diriger aussitôt sur Butare. Ils y sont arrivés le soir. Je leur ai dit de simplement encercler la ville et de se tenir sur le pied de guerre. Je ne voulais pas qu'ils se laissent embarquer dans un combat nocturne. Ils ont donc pris position et ont attendu jusqu'au matin. Quand nos troupes sont entrées, elles ont découvert que les Français s'étaient discrètement retirés vers Gikongoro [à l'ouest]. Mais ensuite, par l'entremise de Dallaire, ils ont demandé la permission de revenir chercher des religieuses catholiques et quelques orphelins qu'ils voulaient emmener. J'ai donné mon accord. Les Français sont revenus, mais ils ne savaient pas que nous avions déjà pris le contrôle de la route de Gikongoro à Butare. Nous avions tendu une longue embuscade, près de deux compagnies le long du chemin. »

Le convoi français se composait de quelque vingt-cinq véhicules, et lorsqu'il repartit de Butare, les forces de Kagame refermèrent leur piège et ordonnèrent aux Français de soumettre chacun de leurs véhicules à une inspection. « Nous voulions nous assurer que parmi les personnes qu'ils emmenaient il n'y avait pas de FAR ou de miliciens. Les Français ont refusé. Leurs jeeps étaient équipées de mitrailleuses, qu'ils ont braquées sur nos hommes en signe d'hostilité. Quand les soldats de l'embuscade ont compris qu'il allait y avoir un affrontement, ils sont sortis de la brousse, et quelques gars armés de lance-grenades ont visé les jeeps. Alors les Français ont reçu l'ordre de pointer leurs armes vers le ciel. Et c'est ce qu'ils ont fait. Ils ont laissé nos hommes procéder à l'inspection. » Dans l'un des derniers véhicules, ils trouvèrent deux soldats gouvernementaux. L'un s'enfuit et fut abattu. « Peut-être ont-ils tué l'autre aussi », ajouta Kagame. En entendant les coups de feu, les véhicules français qui avaient reçu l'autorisation de repartir firent demi-tour et commencèrent à tirer de loin, mais cette fusillade dura moins d'une minute.

Kagame se rappelait un autre incident, au cours duquel ses hommes avaient arrêté des soldats français. Des négociations très tendues s'étaient engagées par le biais du général Dallaire. « Les Français ont menacé d'intervenir avec des hélicoptères et de bombarder nos forces et nos positions. Je leur ai répondu qu'à mon avis il valait mieux discuter et résoudre cette affaire pacifiquement, mais que s'ils voulaient se battre, je n'y voyais aucun inconvénient. » En fin de compte, les Français supplièrent qu'on leur rendît leurs hommes et il les laissa partir. Kagame, réfugié rwandais qui avait grandi en Ouganda et parlait anglais, me dit qu'il ne comprenait pas pourquoi la France avait soutenu les génocidaires — ainsi que même les Rwandais anglophones appellent les partisans du Pouvoir hutu. Quant aux craintes françaises de voir le Rwanda conquis par des anglophones, il ironisa : « S'ils voulaient que les gens d'ici parlent français, ils n'auraient pas dû aider à massacrer ici des gens qui parlaient français. »

Kagame avait des sentiments plus nuancés envers la MINUAR. Il appréciait personnellement le général Dallaire, mais pas le « casque qu'il portait », et il le lui avait signifié directement. « La MINUAR était ici, en armes — ils avaient des transports de troupes blindés, des chars, toute sorte d'armement —, et des gens se faisaient tuer sous leurs yeux. Je n'aurais jamais permis ça. Je lui ai déclaré : “Dans une telle situation, j'aurais pris parti. Même si je servais sous les ordres de l'ONU, je choisirais de protéger les gens." Je me rappelle précisément lui avoir dit que c'est quand même une honte pour un général de se retrouver dans une situation où des gens sans défense se font tuer, alors qu'il est équipé — il a des soldats, des armes — et qu'il ne peut les protéger. »

Dallaire semblait d'ailleurs du même avis. Deux ans et demi après le génocide il déclarait en effet : « Le jour où j'ôterai définitivement mon uniforme sera aussi celui où je répondrai devant mon âme de mes actes, et des traumatismes [...] en particulier de millions de Rwandais. » Certains soldats français de l'opération Turquoise avaient aussi des états d'âme. « Nous avons été trompés », confia ainsi à un reporter l'adjudant-chef Thierry Prungnaud, dans un camp où étaient regroupés des survivants tutsi squelettiques et balafrés de coups de machette. « Ce n'est pas ce qu'on nous a fait croire. On nous a raconté que les Tutsi tuaient les Hutu. Nous croyions que les Hutu étaient les bons et les victimes. » Mais, hormis les remords de certains, l'opération Turquoise servit surtout à prolonger le massacre des Tutsi un mois de plus et à permettre au haut commandement génocide de se réfugier impunément, avec armes et bagages, au Zaïre.

Lorsque le FPR entra dans Butare et Kigali au début de juillet, plus d'un million de Hutu s'enfuirent vers l'ouest, à la suite de leurs chefs. Ils redoutaient que le FPR ne les traitât comme le Pouvoir hutu avait traité ses « ennemis ». Ils craignaient des représailles, a-t-on souvent dit, mais pour ceux des fuyards qui avaient participé à l'extermination des Tutsi, il faudrait plutôt parler de peur de la justice ou au moins du châtiment. Sans doute pour craindre la justice faut-il d'abord se savoir dans son tort. Pour les génocidaires, la perspective d'une victoire imminente du FPR prouvait qu'ils étaient des victimes, et la propagande du Pouvoir hutu s'efforça de tirer le meilleur parti de ce sentiment.

« Les cinquante mille cadavres qu'on trouve dans le lac Victoria, qui menacent de pollution le lac Victoria, viennent de massacres que seul le FPR a pu commettre », proclamait ainsi le 30 juin le présentateur de RTLM Georges Ruggiu, dans une émission caractéristique. Belge blanc d'origine italienne, qui avait trouvé sa vocation comme propagandiste de la désinformation du Pouvoir hutu, Ruggiu ajoutait, absurdement, qu'il restait à peine cinq mille survivants dans la zone du FPR. Le lendemain matin, le 1er juillet, anniversaire de l'indépendance du Rwanda, Ruggiu souhaita à ses auditeurs « une bonne fête nationale, même si c'est probablement une fête pendant laquelle ils doivent encore travailler et combattre ». Par centaines de milliers, les auditeurs de Ruggiu préféraient déguerpir. RTLM dut aussi interrompre quelques jours ses programmes, le temps de transférer ses studios au nord-ouest de Kigali. Les émissions comme celles de Ruggiu avaient convaincu jusqu'à ceux qui n'avaient pas de sang sur les mains que fuir était la seule solution. Mais la fuite est souvent aveugle — fonction de liens familiaux ou d'une panique générale, plutôt que de la raison ou du choix individuel. Dans bien des cas, des villages entiers furent poussés sur la route et durent marcher sous la menace des armes, le maire et les conseillers municipaux en tête du troupeau, tandis qu'à l'arrière soldats et *interahamwe* les pressaient d'avancer.

Ceux qui s'enfuirent vers le sud entrèrent dans la zone Turquoise, tandis qu'au nord un million et demi de Rwandais se précipitaient vers Gisenyi et Goma, la frontière avec le Zaïre. En partant, ils se saisirent de tous les biens transportables sur lesquels ils purent mettre la main et de tous les véhicules capables de voiturer leur bagage et eux-mêmes. Ce qu'ils ne pouvaient charrier, les bandes du Pouvoir hutu le pillèrent et le mirent à sac : bureaux de l'administration, usines, écoles, pylônes électriques, maisons, boutiques, plantations de thé et de café. Ils arrachaient toitures et fenêtres, brisaient les canalisations d'eau, dévoraient ou emportaient tout ce qui était comestible.

Des milliers d'enfants se perdirent sur les routes de l'exode, égarés dans la bousculade ou délibérément abandonnés pour quelque obscure raison : l'illusion que les enfants couraient moins de risques ? ou parce que les parents pouvaient fuir plus vite sans ce fardeau ? par honte ou sans honte aucune ? Des prêtres guidaient des communautés entières vers l'inconnu. Des camions de l'armée, remplis de soldats, se frayaient brutalement un chemin dans la foule ; hommes d'affaires et bureaucrates en faisaient autant dans leurs voitures bourrées d'électroménager, d'épouses, cousins, enfants, grand-mères — sans oublier la radio, réglée sur RTLM. Quand la panique s'emparait des fuyards, c'était par dizaines que les gens mouraient piétinés dans la débandade.

Sur les talons de la cohue, l'avant-garde du FPR s'enfonçait dans le nord-ouest du pays, bastion du Pouvoir hutu, déserté par les forces gouvernementales en déroute. Le 12 juillet, le président du comité international de la Croix-Rouge déclarait que le génocide avait fait un million de victimes. Le 13 juillet, les rebelles s'emparaient de Ruhengeri, l'ancien fief d'Habyarimana, et durant les deux jours suivants environ un demi-million de Hutu traversèrent la frontière zaïroise en direction de Goma. Le 15 juillet, les États-Unis cessaient de reconnaître le gouvernement rwandais du Pouvoir hutu et fermaient son ambassade à Washington. Le 16 juillet, le président rwandais et la plupart de ses ministres se réfugiaient dans la zone Turquoise. La France avait promis de les arrêter, mais le 17 juillet ils rejoignaient sans obstacle la clique du colonel Bagasora au Zaïre, où l'on estimait désormais à un million le nombre de Rwandais en fuite. Le même jour, à Kigali, le FPR annonçait qu'il allait former un nouveau gouvernement national, selon les principes de représentation définis par les accords d'Arusha et sans considérations ethniques. Le 18 juillet, après une intense bataille d'artillerie, le FPR prenait Gisenyi et commençait à s'assurer la possession des frontières du nord-ouest avec le Zaïre. Le 19 juillet, le nouveau gouvernement — coalition entre le FPR et les membres survivants des partis d'opposition au Pouvoir hutu — entrait en fonctions à Kigali, tandis qu'à New York l'ambassadeur auprès des Nations unies du régime génocide était contraint d'abandonner son siège au Conseil de sécurité. Désormais l'armée nationale rwandaise s'appellerait Armée patriotique rwandaise, les forces armées rwandaises en exil deviendraient les ex-FAR, et le sigle FPR ne désignerait plus que la structure politique de l'ancien mouvement rebelle, épine dorsale du nouveau régime. Le 20 juillet, les ex-FAR et les *interahamwe* commencèrent à piller les vivres et les fournitures parachutées au Zaïre pour les réfugiés. Le même jour, à Goma, les premiers cas de choléra se déclaraient dans les nouveaux camps surpeuplés. Et ce faisant, le génocide commença à faire figure d'histoire ancienne.

Le monde qui, pendant l'extermination des Tutsi, était « resté planté les mains dans les poches », selon l'expression du général Kagame, réagit en revanche avec frénésie devant la fuite massive des Hutu au Zaïre. Goma, à la fin de l'été de 1994, offrait en effet l'un des spectacles humains les plus hallucinants du siècle — ce que les cameramen appellent sans vergogne de la « grande télé ».

Goma s'élève sur la rive septentrionale du lac Kivu, au pied d'une chaîne de hauts volcans ; au nord et à l'ouest de la ville s'étend une vaste plaine inhospitalière de lave noire solidifiée, couverte sur des kilomètres d'une brousse inculte. Cette roche déchiquetée et tranchante, même pour les pieds nus à la corne épaisse des paysans rwandais, est néanmoins friable, et l'endroit tout entier baigne dans une poussière pareille à du charbon. C'est sur ce socle volcanique que les hordes de Rwandais en fuite s'installèrent dans six camps plus populeux qu'aucune ville de la région — cent vingt mille ici, cent cinquante mille là, deux cent mille plus loin —, et d'un seul coup, voilà qu'ils commencèrent à mourir comme des mouches. Plus de trente mille succombèrent en trois ou quatre semaines avant qu'on ne parvînt à enrayer l'épidémie de choléra. Un homme se mettait soudain à tituber sur la route, puis il s'asseyait et, tandis que les caméras tournaient, il se recroquevillait, puis basculait en arrière, mort. Hommes, femmes, enfants — simplement parce qu'ils avaient bu une gorgée d'une eau dans laquelle quelqu'un avait uriné, craché ou jeté un cadavre. Les morts étaient enroulés dans des nattes de paille et déposés au bord de la route pour qu'on les ramassât : des kilomètres de cadavres proprement emballés. Il fallut faire venir des bulldozers pour creuser d'immenses fosses communes où déverser les dépouilles. Imaginez la scène : un million de personnes allant et venant dans la fumée d'innombrables feux de cuisine, au milieu d'une vaste plaine noire, et derrière elles l'énorme cône sombre du Nyaragongo — qui comme par hasard s'était réveillé — vomissant des flammes qui rougissaient le ciel nocturne et une fumée qui obscurcissait encore davantage le paysage.

Ce spectacle fut diffusé dans le monde entier, en deux versions. Selon la première, tronquée, on entendait ou lisait qu'il y avait eu un génocide, puis qu'un million de réfugiés avaient atterri dans cette parfaite scène d'enfer sur terre ; et l'on en déduisait nécessai-

Relig. châtiment divin

rement, le cœur brisé, que génocide plus réfugiés égale réfugiés du génocide. Ou bien on apprenait la véritable histoire : c'étaient les gens qui avaient massacré ou que la peur avait poussés à suivre les tueurs en exil. Et l'on entendait ou lisait ou concluait nécessairement que cette parfaite scène d'enfer sur terre était une manière de châtiment divin, que le choléra ressemblait à une plaie d'Égypte, que l'horreur avait en quelque sorte trouvé sa compensation : situation intolérable, incompréhensible, qui poignait pareillement le cœur. Par ce processus de compression et d'imagination, l'immense étalement d'humanité fiévreuse de Goma effaçait le souvenir du massacre antérieur, et une épidémie aux dizaines de milliers de morts, provoquée par la pollution de l'eau, éclipsait un génocide de près d'un million de victimes, fruit d'un siècle de politiques identitaires absurdes.

« Le sang fait la une », dit le vieil adage journalistique, et au Rwanda le sang commençait à sécher. Les dernières nouvelles se trouvaient à Goma, et ce n'était plus simplement une triste, répugnante et déroutante histoire africaine. C'était notre histoire, à nous aussi — le monde entier se bousculait là pour sauver les Africains de leur triste, répugnante et déroutante histoire. Sur l'aéroport de Goma les avions atterrissaient et décollaient vingt-quatre heures sur vingt-quatre, apportant des kilomètres de toile en plastique pour construire des tentes aux réfugiés, de la nourriture par tonnes, du matériel pour creuser des puits, des fournitures médicales, des flottes entières de 4 x 4 blancs, du matériel de bureau, de la chaux pour enterrer les cadavres, et des infirmières, médecins, logisticiens, travailleurs sociaux, agents de sécurité et attachés de presse — le plus vaste, le plus rapide et le plus coûteux déploiement de l'industrie de l'aide humanitaire internationale. Le Haut-Commissariat des Nations unies pour les réfugiés (HCR) menait la charge, suivi par plus d'une centaine d'organisations humanitaires bien décidées à participer à une action prodigieusement dramatique et — disons-le — lucrative. Pratiquement du jour au lendemain, Goma devint la capitale d'un nouvel archipel à demi autonome de camps de réfugiés, organisés avec une efficacité toujours plus grande autour du drapeau bleu pâle du HCR. Pourtant, sous ce pavillon, la situation échappait largement aux Nations unies.

L'armée zaïroise prétendait désarmer les Rwandais à mesure qu'ils franchissaient la frontière. Mais si, effectivement, de grandes piles de machettes et de fusils s'entassaient auprès des baraquements de l'immigration, un officier américain, assis dans une voiture au milieu du torrent humain qui se ruait vers Goma, envoya par téléphone à Washington une liste de la stupéfiante collection d'artillerie, de blindés et d'armement léger que les ex-FAR faisaient transiter devant lui. Sous la direction de cette armée largement intacte et des *interahamwe*, les camps s'organisèrent rapidement en parfaites répliques de l'État du Pouvoir hutu — mêmes regroupements par communautés, mêmes dirigeants, même hiérarchie rigide, même propagande, même violence. Sous un tel régime, les volontaires des organisations humanitaires étaient largement traités comme le personnel d'un hôtel minable par ses hôtes mafieux : ils étaient là pour fournir — nourriture, médicaments, articles de ménage, une aura de respectabilité ; s'il arrivait qu'on les flattât, c'était seulement parce que l'on s'apprêtait à les rouler dans la farine ; s'il fallait les intimider, une populace s'empressait de les assiéger ; et s'ils étaient fondamentalement les dupes de leurs pensionnaires criminels, ils n'étaient pas sans le savoir, et leur service finit par les transformer effectivement en complices du syndicat du Pouvoir hutu.

Rien de tout cela n'était particulièrement subtil ou discret. À la fin d'août, lorsque les Français se retirèrent finalement de la zone Turquoise, un autre demi-million de Hutu — dont nombre de féaux du Pouvoir hutu — avaient migré au Burundi ou, *via* Bukavu, au Zaïre pour s'installer dans un réseau de camps qui s'étendait le long de la côte sud du lac Kivu. Les ex-FAR et les *interahamwe* ne manquèrent pas d'établir leur présence partout où l'ONU implantait un nouvel asile. Bien que le droit international interdise la création de camps de réfugiés à moins de soixante-quinze kilomètres du pays d'origine des gens qu'il accueille, tous ces bivouacs étaient beaucoup plus proches du Rwanda que cela, et la plupart se trouvaient à quelques kilomètres à peine de la frontière, en Tanzanie, au Burundi et au Zaïre. Pratiquement un tiers de la population hutue du Rwanda y vivait désormais. Par conséquent, les deux autres tiers — plus de quatre millions de Rwandais — avaient préféré rester chez eux ; devant le choléra et l'horreur générale de Goma,

camps de réfugiés

bon nombre de réfugiés commencèrent à regretter de n'en avoir pas fait autant. Mais ceux qui parlaient de rentrer au pays se voyaient souvent dénoncer comme complices du FPR, et certains se firent tuer par les miliciens des camps. Après tout, si tous les réfugiés innocents s'en allaient, seuls les coupables resteraient, et que deviendraient les traites du Pouvoir hutu sur la charité internationale ?

Un journaliste envoyé directement de Bosnie à Goma me dit qu'il savait ce que valait le Pouvoir hutu et qu'il fit cette prière en regardant le volcan : « Mon Dieu, si cette chose entre en irruption maintenant et ensevelit les massacreurs, je croirai que Vous êtes juste et j'irai de nouveau à l'église chaque jour de ma vie. » Nombre de travailleurs humanitaires m'avouèrent avoir eu des pensées semblables, si cela ne les empêcha pas de poursuivre leur tâche. Ils acceptaient mal que les dirigeants des camps fussent peut-être des criminels de guerre en fuite, et non des réfugiés au sens habituel du mot. Ils trouvaient détestable d'entendre ces chefs déclarer que les réfugiés ne repartiraient jamais que comme ils étaient arrivés, tous ensemble, et qu'alors ils finiraient le travail d'extermination des Tutsi. Et il était franchement insupportable qu'à peine arrivées depuis quelques semaines, avant même que fût jugulée l'épidémie de choléra, les bandes armées des camps lancent des raids sanglants au Rwanda. Plusieurs ONG trouvèrent la politisation et la militarisation extrêmes des camps si intolérables qu'elles se retirèrent de Goma en novembre 1994. D'autres asso-

pas vraiments
des réfugiés mais
des criminels de guerre

ciations humanitaires s'empressèrent de prendre leur place.

Les premiers mois après le génocide, l'ONU envisagea à maintes reprises de réunir une force internationale qui désarmerait les militants des camps et séparerait les éléments politiques et criminels des masses sous leur coupe. Il ne se passait pas une semaine sans qu'une haute personnalité diplomatique dénonçât la violence qui régnait parmi les réfugiés au Zaïre, annonçât que le Pouvoir hutu préparait une invasion massive du Rwanda et insistât sur la nécessité d'une force internationale pour rétablir l'ordre dans les camps. Mais bien que l'entretien des réfugiés coûtât fort cher à toutes les grandes puissances, lorsque le Secrétaire général de l'ONU demandait des volontaires pour une telle force d'intervention, pas un seul pays ne voulait envoyer des troupes.

Les camps frontaliers transformèrent bientôt le désastre rwandais en crise régionale. Bien que le problème eût toujours été d'abord politique, la prétendue communauté internationale préféra y voir une catastrophe humanitaire, surgie en quelque sorte sans la moindre responsabilité humaine, à la manière d'une inondation ou d'un tremblement de terre. De fait, le drame rwandais fut généralement considéré comme une sorte de calamité naturelle : Hutu et Tutsi s'entretuaient parce que leur nature les y contraignait inexorablement. Et, selon cette interprétation, si tant de gens s'étaient enfuis en de si horribles circonstances, nul doute qu'ils fuyaient quelque chose d'encore plus horrible. Ainsi les génocidaires remportèrent-ils une nouvelle victoire extraordinaire de la communication en manipulant adroitement l'angoisse de leurs populations et — suprême ironie — en invoquant la conscience morale du monde entier.

En septembre 1997, peu avant que le secrétaire général de l'ONU Kofi Annan lui interdît de témoigner devant le Sénat belge, le général Dallaire, ancien commandant de la MINUAR, fit cette déclaration solennelle à la télévision canadienne : « Je suis pleinement responsable de la mort des dix soldats belges, d'autres morts, des blessures et des maladies de plusieurs de mes hommes parce que nous nous sommes retrouvés à court de fournitures médicales, du meurtre de cinquante-six membres de la Croix-Rouge, du déplacement de deux millions de personnes qui sont devenues ainsi des réfugiés, et du massacre d'environ un million de Rwandais — parce que la mission a échoué et que je m'en juge profondément comptable. »

Refusant de « se défausser » sur le système des Nations unies, Dallaire accusait les États membres du Conseil de sécurité et de l'Assemblée générale de ne pas avoir pris leurs responsabilités. Si, face à un génocide, les gouvernements craignent de faire courir un risque à leurs soldats, alors, dit-il, « N'envoyez pas des soldats mais des boy-scouts » — ce que, effectivement, le monde fit dans les camps de réfugiés. En uniforme, les cheveux grisonnants coupés court, le menton carré pointé en avant, la poitrine couverte de décorations, regardant la caméra bien en face, Dallaire parla avec une certaine agitation, et ses phrases soigneusement mesurées ne parvenaient pas à masquer le froissement et l'indignation qu'il ressentait.

« Je n'ai pas même encore commencé à réellement exorciser l'apathie et l'absolu détachement de la communauté internationale, et particulièrement du monde occidental, envers l'épouvantable sort des Rwandais. Parce que, fondamentalement, pour le dire avec la franchise d'un soldat, tout le monde se fout du Rwanda. Voyons les choses en face. Combien de gens se rappellent vraiment encore le génocide rwandais ? Nous connaissons le génocide de la Seconde Guerre mondiale parce que tout le monde était concerné. Mais qui est vraiment concerné par le génocide rwandais ? Qui se rend compte qu'il y a eu plus de morts, de blessés et de réfugiés en trois mois et demi au Rwanda que pendant toute la campagne yougoslave, où nous avons engagé soixante mille hommes, avec la bénédiction de l'Occident tout entier, où nous déversons des milliards et dont nous essayons encore de résoudre le problème. Qu'est-ce qui est vraiment fait pour régler le problème rwandais ? Qui s'apitoie sur le Rwanda, vit vraiment son drame et ses conséquences ? Il y a des centaines de Rwandais que je connaissais personnellement que j'ai trouvés massacrés avec toute leur famille — des monceaux de cadavres — des villages totalement anéantis [...] et nous transmettions toutes ces informations quotidiennement tandis que la communauté internationale se contentait de regarder. »

La convention sur la prévention et la répression du crime de génocide posait comme principe utopique

que la communauté internationale d'États indépendants s'efforcerait à tout prix, par devoir moral, d'interdire l'extermination de peuples entiers. C'était une idée radicale, fondamentalement opposée, comme l'expérience internationale l'a prouvé en maintes occasions, au principe de la souveraineté. Les États n'agissent jamais pour des raisons humanitaires purement désintéressées ; l'idée nouvelle était que chaque État avait intérêt à protéger l'humanité, et l'on comprenait parfaitement au lendemain de la Seconde Guerre mondiale qu'empêcher un génocide exigerait de recourir à la force et de risquer la vie de ses propres citoyens. On croyait qu'il en coûterait moins de prendre ce risque que de rester passif. Mais à quel monde songeaient les auteurs de la convention sur le génocide — et des conventions concernant les réfugiés adoptées peu après ?

Je suis allé pour la première fois au Rwanda, *via* Bruxelles, le 8 mai 1995. Les journaux européens étaient pleins d'articles commémorant le cinquantième anniversaire de la Victoire. Le *Herald Tribune* reproduisait intégralement sa une du 8 mai 1945, et les articles me frappèrent par leur combativité : écrasons les Allemands, soyons vainqueurs, puis apportons-leur la justice et reconstruisons ensuite. L'édition européenne du *Wall Street Journal* publiait un sondage selon lequel, un demi-siècle après les faits, soixante-cinq pour cent des Allemands estimaient que la défaite de leur pays avait été une bonne chose. Et je me demandai : peut-on imaginer pareille issue à aucune des guerres d'aujourd'hui ?

Le Rwanda nous avait offert le génocide le plus patent depuis la guerre d'Hitler contre les Juifs, et on envoya des couvertures, des haricots et des pansements aux camps gouvernés par les massacreurs, apparemment dans l'espoir que tout le monde se conduirait gentiment dans l'avenir.

Le serment de l'Occident après l'Holocauste qu'un génocide ne serait jamais plus toléré s'est révélé parfaitement vain, et malgré tous les bons sentiments qu'inspire le souvenir d'Auschwitz, dénoncer le mal et faire le bien sont toujours deux choses aussi différentes.

À la télévision le général Dallaire conserva néanmoins une certaine prudence politique : il n'accusa nommément aucun gouvernement. « La véritable question, dit-il, est celle-ci : qu'est-ce que la communauté internationale veut vraiment que l'ONU fasse ? » Il dit aussi : « Les Nations unies n'ont tout simplement pas obtenu les instruments nécessaires. » Et encore : « Nous n'avons pas voulu affronter l'armée rwandaise et les *interahamwe.* »

En l'écoutant, je me rappelai une conversation que j'avais eue avec un officier de renseignements américain qui, en guise de souper, sirotait du Jack Daniel's et du Coca-Cola dans un bar de Kigali.

« Il paraît que vous vous intéressez au génocide, me dit-il. Savez-vous ce qu'est un génocide ?

— Expliquez-moi.

— Un sandwich au fromage. Notez ça. Le génocide est un sandwich au fromage. »

Je lui demandai ce qu'il entendait par là.

« Qu'est-ce qu'on en a à secouer d'un sandwich au fromage ? Génocide, génocide, génocide. Sandwich au fromage, sandwich au fromage, sandwich au fromage. Tout le monde s'en fout. Les crimes contre l'humanité... Où est l'humanité ? Qui c'est l'humanité ? Vous ? Moi ? Vous avez vu un crime commis contre vous ? Allons donc ! Juste un million de Rwandais. Avez-vous jamais entendu parler de la convention sur le génocide ?

— Bien sûr.

— Eh bien, cette convention est tout juste bonne à emballer un sandwich au fromage. »

sentiments en vain –
après 1945 – Hitler
génocide existe encore !

genocide = sandwich
au fromage

humanité perdu

DEUXIÈME PARTIE

[…] ici l'archange s'interrompit
Entre le monde détruit et le monde rétabli […]

JOHN MILTON,
Le Paradis perdu

12

Un an après l'investiture du nouveau gouvernement rwandais, en juillet 1995, l'archevêque sud-africain Desmond Tutu vint prononcer un sermon à Kigali dans un stade de football. « S'il vous plaît, s'il vous plaît, commença-t-il, mes sœurs et mes frères, s'il vous plaît, faites silence. S'il vous plaît, cessez de pleurer ! »

C'était un message stupéfiant pour des gens dont le pays venait d'être plongé dans un bain de sang, surtout de la part d'un homme qui avait obtenu le prix Nobel de la Paix pour avoir refusé de se taire. Mais quand il aborda ensuite l'histoire récente des Noirs qui avaient arraché le pouvoir aux Blancs en Afrique du Sud, il devint clair que Mgr Tutu était autant venu reprocher aux Rwandais leurs malheurs que les consoler. En Afrique du Sud, dit-il, « on avait des langues différentes, des races différentes, des cultures différentes. [...] Vous êtes tous noirs. Vous parlez la même langue. Et j'essaie de découvrir ce que nous avons ici dans nos têtes. » La foule rit, mais le rire cessa quand l'archevêque poursuivit : « Hé ? Hé ?

Hé ? Hé ? Est-ce que vous voulez me dire que les Noirs sont stupides ? Ho ! Êtes-vous stupides ? »

Un « Non » timide monta de la foule.

« Je ne vous entends pas. Êtes-vous stupides ?

— Non ! »

Une troisième fois, Tutu demanda : « Êtes-vous stupides ? »

La réponse de la foule, comme la demande de l'archevêque, était allée chaque fois crescendo, mais même le dernier et le plus fort « Non ! » sembla tempéré par le sentiment que, si ironique fût-elle, la question n'en demeurait pas moins une insulte à laquelle les Rwandais n'étaient pas accoutumés.

Que pouvait bien signifier au Rwanda le fait d'être noir ? C'était peut-être un problème en Afrique du Sud, mais hormis une poignée de résidents étrangers tout le monde au Rwanda — stupides et intelligents, bons et méchants, majoritaires et minoritaires — est noir, et la fixation de l'archevêque sur cette catégorie impliquait une conception du drame rwandais qui faisait des victimes et des bourreaux les coresponsables à part égale des souffrances du pays.

« C'est en Africain que je suis venu, expliqua ensuite Mgr Tutu à une assemblée de personnalités politiques et de diplomates. Je suis venu comme quelqu'un qui, bon gré mal gré, partage la honte, le déshonneur, les échecs de l'Afrique, parce que je suis africain. Et ce qui se passe ici, ce qui se passe au Nigeria, n'importe où — devient partie intégrante de mon expérience. »

Une députée assise auprès de moi roula des yeux.

L'insistance de Tutu sur la race se voulait une expression de solidarité, mais le Rwanda n'était pas l'Afrique du Sud ou le Nigeria, et les Africains n'avaient rien fait de plus que quiconque pour arrêter le génocide. Il était donc étrange de s'entendre dire qu'un crime perpétré par des Rwandais contre d'autres Rwandais était un crime contre la fierté et le progrès de l'Afrique, et que la honte qu'il suscitait était une affaire privée africaine plutôt que l'opprobre du monde entier. Plus étrange encore d'être priés de se taire et de cesser d'agir en Noirs stupides.

Au Rwanda, quand je me sentais déprimé, ce qui m'arrivait souvent, je partais me promener en voiture. Sur la route, le pays n'était plus que splendeur mouvementée, et je pouvais imaginer, tandis que les scènes défilaient et que la voiture s'emplissait d'odeurs de terre, d'eucalyptus et de charbon de bois, que les gens et leur paysage — les gens dans leur paysage — demeuraient parfaitement immuables. Ils labouraient dans les champs, sur les marchés ils achetaient et vendaient, dans les cours d'école les petites filles en robes bleu clair et les garçons en shorts et sahariennes kaki jouaient et se querellaient comme font partout les enfants. Dans les vallées majestueuses et dans les cols de montagne, le bord de la route offrait la parade africaine familière : femmes aux pagnes éclatants, un bébé attaché dans le dos et portant d'énormes charges sur la tête ; jeunes gens bien découplés en jeans et tee-shirts des Chicago Bulls, déambulant lentement les mains vides — ou tout au plus, parfois, avec une petite radio ; vieux messieurs en costume louvoyant sur des sentiers de latérite, juchés sur d'antiques bicyclettes ; une fillette pourchassant un poulet, un gamin s'efforçant de maintenir en équilibre sur son épaule la tête sanglante d'une chèvre ; bambins en blouse déchirée écartant les vaches de votre route à l'aide de longs bâtons.

La vie.

Vous saviez, par les statistiques, que la plupart des gens que vous aperceviez étaient hutu, mais sans pouvoir dire qui était quoi ; si cette jeune fille qui voyait arriver votre voiture d'un œil vide, pour s'illuminer d'un large sourire à la dernière seconde, était une survivante du massacre ou une tueuse ou les deux ou que sais-je encore. Si vous vous arrêtiez pour acheter une boisson fraîche et une brochette de chèvre grillée, ou pour demander votre chemin, une petite foule ne tardait pas à vous dévisager et à prodiguer des conseils, vous rappelant votre exotisme. Si vous vous promeniez dans le Nord-Ouest et que vous faisiez halte pour admirer les volcans, des paysans sortaient de leurs champs pour vous approuver de n'avoir d'autre envie, en ce moment-ci, que de contempler leur terroir avec plaisir. Si vous traversiez la forêt tropicale de Nyungwe dans le Sud-Ouest et que vous sortiez regarder les colobes*, les passagers des minibus vous acclamaient en faisant de grands signes.

La plus grande partie du Rwanda était jadis une selve comme celle de Nyungwe, masse sombre de

* Singes de l'Afrique centrale à la queue très longue et à la fourrure abondante. *(N.d.T.)*

végétation où s'effilochaient de vaporeux nuages bas. Mais des siècles de défrichage avaient dévoré la forêt, si bien qu'au moment de mon passage jusqu'aux pentes les plus abruptes étaient labourées, pâturées et autrement exploitées. Seuls les sommets s'ombraient encore d'une couronne de grands arbres résiduels. L'acharnement avec lequel chaque lopin disponible était cultivé témoignait visuellement de la densité de la population rwandaise et de la lutte pour les ressources disponibles. On a d'ailleurs prétendu que le génocide s'expliquait largement par des raisons économiques primordiales : « au vainqueur le butin », « il n'y a pas assez de place pour toi et pour moi » — ce genre de choses, comme si les massacres avaient été une sorte de régulation darwinienne de la population.

Sans doute la promesse d'avantages matériels et d'espace vital supplémentaire anima-t-elle certains des tueurs. Mais pourquoi n'y avait-il pas eu de génocide au Bangladesh ou dans n'importe quelle autre de ces contrées effroyablement pauvres et populeuses ? La surpopulation n'explique pas que des centaines de milliers de gens aient accepté d'exterminer près d'un million de leurs voisins en quelques semaines. Rien ne l'explique vraiment. Envisagez tous les facteurs : les inégalités précoloniales ; l'administration absurdement pointilleuse, hiérarchisée et centralisée ; le mythe hamitique et la polarisation radicale sous la domination belge ; les meurtres et les expulsions qui commencèrent avec la révolution hutue de 1959 ; l'effondrement économique de la fin des années quatre-vingt ; le refus d'Habyarimana d'accepter le retour

Ⓐ explication : pourquoi le génocide

des réfugiés tutsi ; la confusion du multipartisme ; l'attaque du FPR ; la guerre ; l'extrémisme du Pouvoir hutu ; la propagande ; les massacres à titre de répétition générale ; l'importation massive d'armes ; la menace que la paix représentait pour l'oligarchie d'Habyarimana sous la forme du partage du pouvoir et de l'intégration ; la pauvreté, l'ignorance et la superstition extrêmes d'une paysannerie apeurée, docile, à l'étroit — et largement alcoolique ; l'indifférence du monde extérieur. Combinez ces ingrédients et vous obtenez une recette de génocide si parfaite que vous ne pouvez qu'en conclure que le drame se devait d'éclater. Et cependant la décimation avait été totalement gratuite.

Après, pourtant, le monde n'était plus le même pour quiconque se donnait la peine d'y réfléchir. Les Rwandais n'avaient pas le choix. C'était ce qui m'intéressait le plus à leur propos : pas les morts — que peut-on réellement dire d'un million d'assassinés que l'on ne connaissait pas —, mais comment les vivants faisaient-ils pour vivre dans le vide ainsi laissé ? Si le Rwanda avait les souvenirs et les habitudes d'un long passé, la rupture avait été si absolue que le pays où je voyageais n'avait en fait jamais existé. Les scènes de la vie rurale qui me paraissaient si extérieures et à Joseph, le chauffeur, si vides, n'étaient rien de tel. Le Rwanda que je parcourais quelques années après le génocide était un monde encore dans les limbes.

J'ai déjà dit que le pouvoir se résume largement à la capacité d'imposer aux autres votre vision de leur réalité, même s'il vous faut pour cela en liquider un certain nombre. En ce sens brut, le pouvoir est toujours sensiblement le même partout ; ce qui change, c'est surtout la qualité de la réalité qu'il cherche à créer : repose-t-il plus sur la vérité que sur le mensonge, autrement dit, à quel point trompe-t-il ses sujets ? La réponse dépend souvent de la largeur ou de l'étroitesse de sa base : se concentre-t-il dans une seule personne ou se répartit-il entre de nombreux centres différents qui se contiennent mutuellement ? Et ses sujets sont-ils simplement des sujets ou sont-ils aussi des citoyens ? En principe, plus ses bases sont étroites plus le pouvoir est aisément abusif, et plus elles sont larges plus il lui faut reposer sur la vérité et plus il a de chances de protéger ses sujets des abus. Ce que l'historien britannique lord Acton résumait par la formule célèbre : « Le pouvoir corrompt et le pouvoir absolu corrompt absolument. »

Mais comme la plupart des truismes, l'adage d'Acton n'est pas tout à fait vrai : pour prendre un exemple dans l'histoire des États-Unis, le pouvoir du président Lincoln était plus absolu que celui du président Nixon, et pourtant ce dernier était certainement le plus fondamentalement corrompu des deux. Aussi, en jugeant le pouvoir politique, devons-nous demander non seulement quelle en est la base mais aussi comment il s'exerce — dans quelles circonstances, à quelles fins, à quel prix et avec quelle réussite. Ce sont des jugements délicats, généralement contestables, et pour ceux d'entre nous qui bénéficient de l'exceptionnelle sécurité générale offerte par les grandes démocraties occidentales de la fin du XXe siècle, ils forment le tissu même de la vie publique. Nous avons néanmoins beaucoup de mal à envisager que dans les endroits où la violence et la souffrance sont si générales qu'on les qualifie à la légère d'« irrationnelles », les populations participent aussi à une politique rationnelle.

Lors de mon premier voyage au Rwanda, j'avais lu *Vues sur la guerre civile** de Hans Magnus Enzensberger, qui avait été très bien accueilli par la critique. « Le signe le plus évident que l'ordre mondial bipolaire a pris fin, notait l'auteur dans la perspective de l'immédiate après-guerre froide, ce sont les trente ou quarante guerres civiles qui se livrent ouvertement sur toute la surface du globe. » Et de s'interroger sur les raisons de celles-ci. Démarche prometteuse, jusqu'à ce que je m'aperçoive qu'Enzensberger ne s'intéressait pas aux détails de ces conflits. Il n'y voyait en effet qu'un phénomène monolithique et, au bout de quelques pages, annonçait : « Ce qui donne aux guerres civiles d'aujourd'hui une terrifiante dimension nouvelle, c'est qu'elles n'ont aucun enjeu ni d'un côté ni de l'autre, que ce sont des guerres *à propos de rien du tout.* »

Dans le bon vieux temps, disait-il — dans l'Espagne des années trente ou les États-Unis des années 1860 —, les gens tuaient et mouraient pour des idées, alors qu'aujourd'hui « la violence s'est séparée de l'idéologie », et les participants aux guerres civiles tuent et meurent dans une mêlée archaïque pour le pouvoir. Nulle conception de l'avenir n'y préside ; le

* *Vues sur la guerre civile*, Gallimard, coll. L'Infini, 1995.

nihilisme triomphe ; « toute la pensée politique, d'Aristote et Machiavel à Marx et Weber, est mise sens dessus dessous » et « ne subsiste plus que le mythe fondateur cher à Hobbes de la guerre de chacun contre tous ». Qu'une telle vision des guerres civiles lointaines donne une excuse commode pour les ignorer explique peut-être son immense popularité présente : il vaudrait mieux que les indigènes de là-bas se calment un peu, mais s'ils se battent pour le plaisir, ce n'est pas mon problème.

Or c'est notre problème. En niant la singularité des peuples qui font l'histoire et la possibilité qu'ils puissent avoir une politique, Enzensberger confond son incapacité à reconnaître l'enjeu des événements avec la nature de ces événements. Il voit le chaos — le résultat et non ses fauteurs —, et son analyse implique la question : lorsqu'il existe des différences idéologiques entre deux parties belligérantes, comment devons-nous les juger ? Dans le cas du Rwanda, adopter le point de vue envisageant la guerre civile comme une mêlée générale — dans laquelle tout le monde est à la fois également justifié et injustifié — revient à épouser l'idéologie du Pouvoir hutu présentant le génocide comme une autodéfense.

La politique, après tout, se situe entre le mal — ou, si vous êtes optimiste, le bien — et le pire. N'importe quel jour, dans le Rwanda de l'après-génocide, on pouvait indifféremment recueillir des récits d'horreurs nouvelles et de remarquables améliorations sociales et politiques. Plus je rassemblais de témoignages, plus je me rendais compte que l'existence durant le génocide, en vertu de son caractère absolu, avait suscité une gamme de réactions plus étroite que la difficulté de vivre avec son souvenir. Pour les survivants, histoires et questions se réverbéraient à l'infini — histoires engendrant des questions qui évoquaient de nouvelles histoires, lesquelles faisaient naître à leur tour d'autres questions encore —, et personne d'un tant soit peu sensé ne semblait attendre de réponses précises. Au mieux ils espéraient un peu de compréhension, une façon d'appréhender la problématique condition humaine à la fin de ce siècle aux dérèglements imprévus. Très souvent, j'avais le sentiment que ces témoignages m'étaient adressés à la manière dont les naufragés lancent des bouteilles à la mer : dans l'espoir que, même si ces messages sont envoyés en vain, peut-être un jour quelqu'un d'autre, quelque part ailleurs, en tirera quelque profit.

Au moment même où j'écris, au début de 1998, la guerre du Rwanda contre le génocide continue. Peut-être qu'au moment où vous me lirez l'issue en sera plus claire. Qui sait si le Rwanda n'aura pas alors subi de nouveau d'incalculables effusions de sang à l'échelon national, et si le Pouvoir hutu n'aura pas reconquis la plus grande partie, sinon la totalité du pays ? À moins que le Rwanda ne soit le théâtre d'affrontements durables, avec des périodes et des situations de grande terreur et d'autres de stabilité fragile, comme c'est le cas depuis la fin du génocide. Naturellement, si vous êtes une sorte d'archéologue exhumant ce livre dans un avenir lointain — dans cinq, cinquante ou cinq cents ans —, il y a une chance que le Rwanda soit devenu un coin paisible où triomphent la vie, la liberté et la poursuite du bonheur ; peut-être envisagez-vous d'y passer vos prochaines vacances, et les chroniques que vous trouvez dans ces pages ne vous offriront qu'un arrière-plan historique, de la même manière que nous lisons aujourd'hui les récits du génocide des Indiens d'Amérique, de l'époque de l'esclavage ou de tous les horribles crimes contre l'humanité qui jalonnèrent l'évolution de l'Europe. Et vous en direz comme de l'Angleterre le Marlow de Conrad : « Nous vivons l'espace d'un clin d'œil — puisse-t-il durer aussi longtemps que la vieille Terre continuera de tourner ! Mais hier y régnaient les ténèbres. »

13

Pendant les neuf mois que j'ai passés au Rwanda au cours de six séjours, le seul cadavre récent que j'aie vu fut celui d'un jeune homme tué dans un accident de la circulation. Trois minutes auparavant il vivait sa vie, puis le chauffeur de son véhicule avait fait une brusque embardée pour éviter une vieille femme qui traversait la route, et maintenant il gisait sur le côté dans l'herbe haute, recroquevillé dans une attitude fœtale, la tête ouverte. Si j'avais une photo de lui et que je l'aie reproduite ici avec la légende : « victime tutsie du génocide » ou « victime hutue du FPR », vous n'auriez aucun moyen de détecter l'imposture. Dans l'un et l'autre cas, l'appel à votre sympathie et votre indignation seraient les mêmes.

C'est ainsi que l'on raconte généralement l'histoire du Rwanda, tandis que la guerre entre les génocidaires et le gouvernement installé par le FPR traîne en longueur. Dans une dépêche typique, intitulée « Où est la haute morale au Rwanda ? », mon journal local, *The New York Times*, décrivait un réfugié hutu mutilé lors d'une attaque de soldats tutsi et un réfugié tutsi mutilé par des miliciens hutu comme « les victimes d'une lutte épique entre deux groupes ethniques rivaux », dans laquelle « personne n'a les mains propres ». En somme, à en croire ce genre de reportage, comme les victimes des deux côtés souffrent également, les deux côtés sont également inexcusables. Et pour enfoncer le clou, le *New York Times* se référait à Filip Reyntjens, Belge considéré comme l'une des autorités européennes sur le Rwanda : « Ce n'est pas une histoire de bons et de méchants. C'est une histoire de méchants. Un point c'est tout. »

C'est après avoir lu de pareils articles que j'ai décidé d'aller au Rwanda. Un an après le génocide, l'Armée patriotique rwandaise se déploya afin de fermer le camp pour « personnes déplacées à l'intérieur » (PDI) de Kibeho, la colline célèbre pour les apparitions de la Vierge. Plus de quatre-vingt mille Hutu qui s'étaient enfuis de chez eux après le génocide vivaient dans ce camp que les Français avaient installé pendant l'opération Turquoise. L'intervention de l'APR avait mal tourné et au moins deux mille Hutu avaient été tués. Là encore, un bataillon de l'ONU était présent et n'avait rien fait. Je me rappelle avoir vu dans la presse la photo d'un soldat des Nations unies tenant deux bébés morts, un dans chaque main, pendant le nettoyage qui avait suivi le massacre.

D'abord le génocide, et maintenant ça, m'étais-je dit : les Hutu tuent les Tutsi, puis les Tutsi tuent les Hutu — si c'est vraiment le fond de l'affaire, comment s'étonner que tout le monde s'en fiche. Mais était-ce réellement si absurde et si simple ?

Les monceaux de cadavres de la violence politique forment aujourd'hui l'ordinaire de nos informations quotidiennes, et selon les lois du genre tous les massacres sont égaux : les morts innocents, les meurtriers monstrueux, l'environnement politique absurde ou inexistant. À part les noms et le paysage, c'est toujours la même histoire : une tribu au pouvoir en massacre une autre, cycle récurrent de haines immémoriales, plus ça change plus c'est la même chose. Comme dans les descriptions de tremblements de terre ou d'éruptions volcaniques, les experts, nous dit-on, savaient que la ligne de faille se situait ici ou là, que la pression montait, et on nous invite à réagir — peur, détresse, compassion, indignation, voire simple fascination morbide —, et éventuellement à envoyer une aumône aux survivants. Le récit générique de massacre parle de violence « endémique » ou « épidémique » et d'endroits où les gens « s'entre-tuent », et l'omniprésence du fléau dissuade de s'interroger sur la spécificité de chaque exemple. Ces histoires surgissent du néant et, tout aussi brusquement, y retournent. Les morts anonymes et leurs meurtriers anonymes deviennent leur propre contexte. L'horreur tourne à l'absurde.

Je voulais en savoir davantage. Les tueries de Kibeho apparaissaient comme une répétition de la manière dont les camps frontaliers de l'ONU — en particulier les enclaves fortement militarisées du Pouvoir hutu au Zaïre — risquaient d'être finalement déménagés. Havres de criminels de guerre et de champions de l'atrocité, leur existence même exposait leurs